高职生心理健康教育模式创新与实践

李杰 著

哈尔滨出版社
HARBIN PUBLISHING HOUSE

图书在版编目（CIP）数据

高职生心理健康教育模式创新与实践／李杰著. --
哈尔滨：哈尔滨出版社，2025.1
　　ISBN 978-7-5484-7763-1

　　Ⅰ．①高… Ⅱ．①李… Ⅲ．①高等职业教育-心理健
康-健康教育-教学研究 Ⅳ．①G444

中国国家版本馆 CIP 数据核字（2024）第 054140 号

书　　名：**高职生心理健康教育模式创新与实践**
　　　　　GAOZHISHENG XINLI JIANKANG JIAOYU MOSHI CHUANGXIN YU SHIJIAN

作　　者：李　杰　著

责任编辑：李金秋

出版发行：哈尔滨出版社（Harbin Publishing House）

社　　址：哈尔滨市香坊区泰山路 82-9 号　邮编：150090

经　　销：全国新华书店

印　　刷：北京虎彩文化传播有限公司

网　　址：www.hrbcbs.com

E－mail：hrbcbs@yeah.net

编辑版权热线：（0451）87900271　87900272

销售热线：（0451）87900202　87900203

开　　本：880mm×1230mm　1/32　印张：5.25　字数：123 千字

版　　次：2025 年 1 月第 1 版

印　　次：2025 年 1 月第 1 次印刷

书　　号：ISBN 978-7-5484-7763-1

定　　价：48.00 元

凡购本社图书发现印装错误，请与本社印制部联系调换。

服务热线：（0451）87900279

前　　言

在我国教育体系中,职业教育占据着重要地位,对我国教育发展起了重要的推动作用。现阶段,接受职业教育的学生人数呈上升趋势,已达到接受高中教育和高等教育学生人数的半数左右,职业教育的规模不断扩大,壮大了高职生群体。高职生对促进我国社会的经济发展具有重要作用,是推动社会进步的重要力量,是美丽中国的建设者,是实现中国梦的主力军。高职教育起着人才培养的重要作用,承担着培养为国家建设做贡献的高素质人才的任务,对国家的建设和发展产生直接影响。根据近年来对入学新生心理健康情况的调查,可以发现,在高职生群体中,有不少学生的心理都存在不同程度的健康问题。因此,高职院校针对高职生建立心理健康教育体系,设置心理辅导机制,有利于高职生健康成长,提高高职院校教育质量。在高校人才培养体系中,心理健康教育占据重要地位,其对学生的心理素质、综合素养的提高具有重要意义。

本书共分为7个章节,首先对心理健康教育的基本含义以及活动的基础进行了阐述,在此基础上分析了高职生的心理健康模式,并相继阐述了高职生心理健康教育的理论框架、文化模式的创新与实践,家校合作模式创新等相关内容。高职生的心理状况往往会受到多种因素的影响,同时极易引发一些心理问题。面对这些问题,必须通过对高职生心理健康教育多个方面的构建来解决,主要分为心理健康教育模式、文化模式、家校合作模式、教育整合模式,以及课外实践活动模式,并且将这些不同的模式从构建到实施进行了细致化分析。高职生正处于人生的关键时期,在心理健康教育的核心引导下,只有加强心理健康的价值体系内塑,才有助于提高高职生的心理建设和道德情操水平,也只有职业院校加强对心理内核的素质体现,才能从根本上感染学生的主观意识,才能为普及心理健康教育工作提供坚实基础。

目　　录

第一章　心理健康教育概论

第一节　心理健康教育的含义

一、健康与心理健康

教育家洛克认为,健康是幸福的前提。健康代表着人们的生命力状态,是人类赖以生存和健康成长的基础。对于人类来说,健康不仅是生活的基本需要,还是创造精神和物质文明的基础,对社会发展具有重要作用。

(一)健康的含义

人们通常认为健康就是不生病,没有产生疾病就代表着健康。20世纪初,《简明不列颠百科全书》中提出了对健康的定义,即人们没有疾病,且身体没有虚弱状态产生。随着社会的不断发展,在先进科学技术的猛烈冲击下,社会竞争愈加激烈,现代人的压力激增,已逐渐超出人们的心理承受能力的范围。人们开始关注社会和心理因素对人们健康状态的影响,重视人们的心理状态。1948年,世界卫生组织对健康提出了明确定义。其在《世界卫生组织宣言》中指出,健康不仅是指人的身体状态,还包括人的心理上、社会上也没有产生任何疾病和虚弱问题,呈现完好状态。同时,世界卫生组织对健康制定了判断标准,共有 10 条:一是精力充沛,生命力旺盛,面对生活和工作中的压力仍然可以保持平稳的心态;二是责任心强,积极承担应负责任,不挑剔;三是睡眠质量好,注重日常休息;四是适应能力强,面对外界环境的变化可以快速融入,具有较强的应变能力;五是抵抗力强,不受一般感冒和传染病的影响;六是不过度肥胖或瘦弱,符合体重标准,身材匀称,肢体协调;七是视力好,眼睑无发炎问题;八是牙齿健康,没有出血或空洞现象;九是头发顺滑,不枯燥,有光泽;十是行走自然,在走动过程中肢体协调,肌肉和皮肤弹性较强。世界卫生组织于 1989 年提出了健康的新概念,指出健康不仅是表现在身体层面的没有疾病和虚弱状态,还包括在心理、道德和对社会适应等方面增加了道德健康这一维度。21 世纪,人们对健康的认识已完成了革新,进一步深化了对健康的理解,认为健康是个体的生理、心理、道德和社会适应等方面因素的结合体,是人性尊严的突出表现。但实际上,心理健康包括社会适应和道德健康两个重要部分,所以整体来看,可以将健康划分为两个部分,一是生理健康,二是心理健康。健康的新概念在世界卫生组织的推动下,在世界范围内传播开来,并得到人们的广泛认可。

(二)心理健康的含义

在学界中,关于心理健康的定义始终未得到公认,但学者们从多方面分别对心理健康提出了自己的理解,主要以以下几种观点为代表:第一,心理学家英格里希提出,心理健康是一种状态,当人们处于这种状态中,可以适应良好,并使其身心潜能得到充分发展,极具生命力。第二,学者波蒙对心理健康的理解更侧重社会方面,认为心理健康就是一种符合相关标准的社会行为,这种行为不仅能被大众接受,还能给人带来快乐的情感体验。第三,凯兹和列维斯将心理健康看作一种稳定的积极状态,主要表现在个体的情绪和对社会的适应方面。第四,麦令格提出人如果具有健康的心理,就能保持情绪稳定、思维敏捷和愉悦的心情。

1946 年,第三届国际心理卫生大会提出心理健康是在协调个体的身体、智能和情感与其他个体心理健康关系的基础上,使个人心境得到充分的发展。心理健康主要表现在个体的身体、智力和情绪方面,对环境的适应能力强,在社会人际交往中可以彼此谦让,在工作生活中自身能力可以得到充分发挥,具有较强的幸福感。

综合来看,心理健康就是一种积极的心理状态,这种状态可以使个体的身心潜能得到充分发展,提高个体对外界环境的适应能力,面对社会人际关系中的问题,可以妥善处理,具有较强的活力和乐观的生活态度。在理解心理健康的时候,还需要注意心理健康的两个特点:一是社会历史制约性。心理健康在不同的历史时期会有不同的表现形式和要求,甚至在不同社会、不同国家也存在差异。二是发展性。从个体心理发展的过程来看,心理健康的水平同样是动态的,在不同的心理发展阶段,人的心理健康的内容和标准会有一定的差异。三是相对性。正常与异常心理活动之间的差别常常是相对的,二者之间没有绝对的分界线,而是一个渐变的连续体。

二、心理健康教育的概念

(一)心理健康的概述

心理健康是健康的一个重要组成部分,但对于其内涵,国内外学者由于所处的社会文化背景不同,研究问题的立场、观点和方法相异,迄今为止尚未有统一的意见。1929 年在美国召开的第三次全美儿童健康及保护会议上,与会学者认为"心理健康是指个人在其适应过程中,能发挥其最高的智能而获得满足、感觉愉快的心理状态,同时在其社会中,能谨慎其行为,并有敢于面对现实人生的能力"。1948 年,第三届国际心理卫生大会是这样定义心理健康的:"心理健康是指在身体、智能以及在情感上与他人心理不矛盾的范围内,将个人的心境发展到最佳的状态。"

精神病学家麦灵格(Menninger)认为,"心理健康是人们对于环境及相互之间具有最高效率及快乐的适应情况。心理健康的人能适应外部世界,保持平稳的情绪,在各种心理品质中具有愉快的心情"。

《简明不列颠百科全书》指出,心理健康是指个体心理在本身及环境条件许可范围内所能达到的最佳功能状态,但不是指十全十美的绝对状态。

纵观心理健康概念的发展,我们能够从中找出它们的若干共同点:基本上都承认心理健康是一种心理状态,都把适应(尤其是社会适应)良好看作心理健康的重要表现或重要特征,都强调心理健康是具有一种积极向上发展的心理状态。

因此，我们认为，所谓心理健康，是指个体在与环境的相互作用中，主体能不断调整自身心理状态，自觉保持心理上、社会上的正常或良好适应的一种持续而积极的心理功能状态。

（二）心理健康教育的概述

从上述分析中，可以将健康分为身体健康和心理健康两个部分。在目前的素质教育中，应将学生培养成全面的高素质人才，而这种高素质人才的首要条件就是具有健康的心理。而怎样才能实现人的心理健康，促进其全面发展呢？更多的专业人士意识到，想要实现人的心理健康，重点在于心理健康教育，主要就是根据学生心理健康发展的实际要求，实施心理健康教育，从而提高学生的心理健康水平，所以，全面开展心理健康教育对提高人们的心理健康水平具有重要作用。

那么，怎样定义心理健康教育？20世纪初期，西方国家对健康教育这一概念便展开了研究，并以法律形式对其进行了科学管理。1973年，学界经多次修改和实践，修正了对健康教育概念的定义，明确指出，健康教育的过程包括心理、智能和社会层面等多方面的内容，主要是为了建立行为习惯和健康知识的联系，引起学生群体的健康动机，并在实践中运用健康知识，培养良好的行为习惯，从而提升个体的健康状态，促进社会发展。所以，健康教育通常由生理健康教育和心理健康教育两部分组成。而在现代教育中，进行学校教育时，通常以心理健康教育为基础，与其他教育相比，具有不可或缺的作用，主要是为了提高学生的心理素质水平，培养学生的心理承受能力。

所以,在理解心理健康教育时,可以将其看作在专业的心理学理论和技术的基础上,与学校的日常教学工作相结合,根据学生的实际发展特点,培养学生的心理素质,通过科学的教学手段,使学生的心理潜能得到充分的开发,从而促进学生综合素质的提升。

第二节　心理健康教育活动的基础

一、认知活动的生理基础

(一)注意

注意是心理活动对一定对象的选择和集中。注意的选择需要边缘叶和大脑额叶的参与,与海马以及与之联系的尾状核有关。临床研究表明,这些组织若出现损伤,患者的选择性注意将产生严重障碍。例如,中心线附近深部肿瘤的患者并不表现出认识、动作、言语或形式逻辑过程的明显障碍,但心理过程的选择性却遭到破坏;患者高度分心,很快中断主动的有目的的行动。

注意的另一个特性为警觉。人要想把注意力集中到精神生活的某些方面,必须处于警觉状态。警觉是与警戒或唤醒紧密相连的一种注意形式,是指注意在一定对象上的强度特征,网状激活系统功能在此起了重要作用。此外,其他脑区可能也参与了注意的警觉功能。如通过对脑损伤患者注意维持和警觉功能进行探讨发现,脑损伤患者存在注意维持和警觉功能受损;而患者脑损伤部位涉及多个脑区损伤程度相近者病变部位并不一致,说明参与注意维持与警觉功能调节的脑区并不局限于某一部位。

总之,注意和多个脑区相联系,它既不是某一脑区的特性,也不是全部脑区的功能。它是通过一系列脑区的神经网络活动来实现的。

(二)感知

感知可以分为感觉和知觉两部分,其中,感觉是现实生活中客观事物的个别属性使人产生的反应,而知觉是综合属性使人产生的反应。对于个体而言,对世界的初印象,也就是对世界产生认识的第一步就是感知。人们通过感觉器官接收感觉刺激,在感觉冲动的推动下,实现信息传递,将其传送至人体大脑皮层的相应区域,使人对周围的环境产生各种感知和认识。

人体的大脑接收到感觉信息后,会使人体产生一些简单的感觉,比如手脚发麻,产生针刺般的痛感、听到细微的"沙沙"声等。人体大脑的初级感觉区被破坏后,这种感觉便无法形成,就会产生视觉失明、听不清声音甚至听不到声音的问题。

在人体大脑的感觉联络区中,对感觉信息进行加工处理。只有在感觉联络区进行加工后,才能升华信息,促进感知的形成。如大脑初级感觉区完好,但感觉联络区受损,患者在接触外界事物时,通常处于可以感受但不能理解的状态中。

大脑感觉联络区的感觉形成后,经个体的大脑综合处理后,与相关经验进行比较,最后形成综合感知。外界对感觉总联络区进行刺激后,感觉总联络区可能会产生相应的反应,出现一些幻觉,比如重现童年时的情景,重新想起久远的回忆等。这些重现的情景往往十分生动,甚至当时的感情变化都被准确地展现出来。因此,只有通过大脑感觉总联络区产生的感知才是个体对事物的完整感知。

出现知觉障碍问题通常是由大脑区域出现损伤引起的。例如,如果人体大脑的一侧顶叶出现损伤,可能就会导致个体出现左右分辨障碍,无法区分身体的左右侧,导致认知出现错误;如果个体出现右侧脑损伤,可能会导致个体出现空间关系障碍,导致对物体的空间关系和距离无法形成准确的认知。

(三)思维

从神经学的角度来看,思维具有一定的复杂性。例如,即使是最简单的前角运动细胞,突触达到10000多个。因此,个体的思维活动不会因为大脑的脑皮层遭到破坏而丧失,但如果大脑局部发生病变,那么可能会影响个体的思维活动。例如,个体大脑的左侧如果发生损伤,当损伤部位为颞上回后部,便可能会导致个体产生言语听觉记忆障碍。患有这种障碍的病人无法记住口语形式的问题,所以通常无法解决口算问题,如果通过书面形式将问题呈现给患有言语听觉记忆障碍的病人,可能会稍有缓解。但实际上,在问题的解决过程中,中间环节仍不可避免地需要进行言语交流,因此在问题的解答方面仍存在困难。

关于一些复杂的思维活动,则需要协同多个脑区才能完成。通过罗劲的研究可以发现,在顿悟过程中,人体脑部的额叶、颞叶和海马区等脑区得到了充分的激活,体现出个体思维形成与海马区的联系,其指出转换问题表征方式对视觉空间信息加工网络的依赖,以及左腹侧额叶对打破个体思维定式的重要作用。

人类与其他动物的最大差异就是言语思维活动,因此,在对思维脑机制领域的研究,无法利用动物模型进行实验。所以,在过去,对思维的脑机制的研究仍存在巨大的进步空间。

二、情绪活动的生理基础

(一)情绪的脑结构基础

众多研究表明,边缘系统在情绪中起着重要作用。如刺激杏仁核可产生恐惧感觉,杏仁核受损伤的病人对恐惧、愤怒等识别有困难,这些表明杏仁核参与了负性情绪的加工。近年来有研究认为海马区在情绪行为的背景调节中起关键作用,海马区损伤的个体会在不适当的背景中表现出情绪行为,且海马区损伤的体积与特质焦虑等负性情绪呈正相关。临床发现,切除扣带的病人失去了恐惧情绪,在社会活动中变得冷漠无情。这说明扣带可能对负性情绪的评价起主要作用。还有人用尖端埋藏在下丘脑的电极对未麻醉的动物进行逐点刺激,发现动物有两类行为反应:一是斗争,如发怒的模式(怒吼、发出"咝咝"声、耳朵后倒、竖毛等);二是逃避,如恐惧的模式(扩瞳,头左右转动,最后逃走)。刺激动物的下丘脑时,动物也出现了愤怒和恐惧行为。因此,下丘脑被认为是支配愤怒和恐惧的中枢。

(二)中枢神经递质与情绪的关系

具体表现为,愉快时肾上腺素排出最高,不愉快时稍低,安静时最低。当看风景片时,尿液中肾上腺素(EP)和去甲肾上腺素(NE)的排出量均降低;看攻击性影片和戏剧片时,EP 排出量增加,NE 无变化;而看恐怖片时,EP 和 NE 排出均增加。在适当的情绪压抑条件下,个体血液和尿液中的 EP 都比无威胁条件下明显提高并且可以稳定在相当高的水平。看来人的情绪压抑与血液和尿液中 EP 水平增高有关。此外,5-羟色胺在调节人的情绪方面也起了重要作用:人体内 5-羟色胺水平越低,其攻击性越强。

三、社会行为的生物基础

(一)性取向

性取向是指一个人对于吸引自己性别的倾向或者选择,实际上是指情感和性吸引的方向。性取向是人类的一种本质,更是每个人的自由选择的权利。关于性取向基因影响的研究最早可追溯到 19 世纪 50 年代,英国著名的心理学家针对性地对取向基因影响进行了研究,他发现同卵双生子成年后同性恋行为发生的概率明显高于异卵双生子同性恋行为发生的概率。通过男同性恋者与女同性恋者的双生子研究发现,在所有的这类案件中,同卵双生子成年后同性恋者的可能性是异卵双生子成年后同性恋者可能性的 2 倍以上。

对男同性恋者家族史的考察发现,家族中母方同性恋亲戚相比之下,要比父方同性恋亲戚要多一些,这充分说明了同性恋的基因有可能出现在母体的染色体上。通过研究发现,实验者在母体中继承的基因,基本上来自男同性恋者,几乎每个男同性恋者的 X

染色体上都有一块几近相同的区域,这充分说明了同性恋在基因上有一定的基础。但基因的问题也困扰着人们,人们十分困惑不解,同性恋不能像正常夫妻一样生养后代,但为什么会一直存在,没有消失,是何原因?通过上述的实验,足以证明,原因出现在 X 染色体上,如果说同性恋基因是在 X 染色体的情况下,就充分说明了男人和女人同样会携带 X 染色体,而这种基因会代代传递,这也解释了为什么同性恋不是在行为中代代传递。

(二)人际吸引

著名的心理学家拉什顿认为基因相似性会在一定程度上影响人际吸引。为此,他对一些夫妇抽取了血液,通过检验发现,因性卷入的夫妇,他们的基因标记有 50% 基本上是一样的,如果将这些人打乱,进行重新配对,则有 43% 的人基因标记是一样的,有着明显差异。为此,研究者们通过对一些有孩子的夫妇和没孩子的夫妇进行进一步研究,通过研究发现,人往往会被与自身有着相似基因的人所吸引,从而发生性关系。但这并不意味着吸引只存在于两性之间。无论是日常生活中,还是人际交往中,人更容易与自身相识的人建立起友谊。为此,心理学家拉什顿通过对一些亲密朋友的配对男性进行了进一步研究,这个研究只限于异性恋者,结果表明配对朋友的共同之处明显要高于随机配对的朋友,这再一步证实了人际吸引基本上是由基因相似性而致使的。那么问题来了,那需要怎样识别基因相似呢?不过,这个问题却没有确切的答案,有人说会被与自己相同体型或者相关面孔的人所吸引,是指看起来与自己比较相似的人所吸引,看起来容易像一家人,所以就彼此吸引。也有人说基因相似性是通过气味传播实现的,是指在没有意识的情况下,通过细微的生理线索快速识别了与你非常相似的人。也就说,不是随机选择吸引自己的伙伴,而是通过各种不同依据来进行选择的。由此可见,影响伙伴选择的重要缘由是与自己的相似性。

(三)攻击行为

攻击是一种常见的社会行为。尽管攻击行为和多种因素有关(如家庭熏陶、社会环境以及自然气候等),但不少研究表明,攻击行为也受到生物神经基础的影响。这方面的证据表现在:

第一,遗传学的研究表明异卵双生子在攻击分数上未达到显著相关,而同卵双生子在攻击分数上有相当显著的相关。

第二,在神经结构上,通过对动物、患者和正常人的研究发现,与攻击行为相关的脑区主要是颞叶、前额叶皮质和下丘脑等。颞叶功能障碍可能是人暴力攻击行为产生的基础。雷恩等作脑 MRI 检查显示,暴力行为个体(已被诊断为反社会人格障碍者)前额叶灰质体积较正常人小。在脑外伤病人中,前额叶损伤者有攻击行为,表现为易激惹、易怒、冲动攻击;刺激人类和猴子的眶额和前额叶皮质腹外侧能抑制愤怒和攻击行为。另有对动物的研究表明,大脑最古老、最原始的部位——下丘脑(或下视丘)与暴力行为有关。

第三,攻击行为也与激素有关。对男性罪犯的研究表明,睾丸激素高的犯人比睾丸激素低的犯人更多地违反监狱的规定,并在监狱里具有控制性,且高浓度的血浆睾酮与攻击行为的增加密切相关。在对女犯和年轻男性的研究中也有同样的结果。对于非犯罪人群,研究者也发现睾丸激素高的人更可能袭击他人、有大量的伙伴、滥用酒精和其他药物。在成长过程中,他们更可能与父母、老师、同学有矛盾;在谈话中,睾丸激素高的人比低的人更不友好,在与对方的注视中,他们表达了更多的控制信息;睾丸激素低的社团成员对人友好且经常微笑,而睾丸激素高的社团成员则更粗鲁。

第四,多种神经递质如 5-羟色胺、去甲肾上腺素、多巴胺等对攻击行为也有调节作用。如有研究发现,脑脊液中低水平的 5-HIAA(神经递质 5-羟色胺的终端代谢产物)与纵火等带有明显冲动性的暴力型犯罪相关。克鲁齐对 29 例青少年破坏性行为障碍的研究也发现脑脊液的 5-HIAA 含量与青少年自我报告的针对他人的攻击行为和情绪数量呈负相关。索德斯特罗姆的研究报告显示,22 例攻击行为指向外的暴力性犯罪者也表现为脑脊液中 5-HIAA 降低、HVA(高香草酸,即儿茶酚胺、多巴胺和尿香草扁桃酸 VMA 的终端代谢产物)升高。

由上可知,不同的神经解剖结构和脑区、神经递质系统、激素以及遗传因素皆与攻击行为相关。但攻击行为是生理、心理、社会、物理因素相互作用的结果。如前文提到,刺激下丘脑会引起动物的攻击行为。但就高等哺乳动物来说,这种本能的攻击行为是受大脑皮质控制的,受经验影响。例如,在群居的猴子中有一种支配性的等级制度:以两只雄猴为首领,其他猴子则处于各级水平的从属地位。猴王的下丘脑受到电刺激时,它会袭击下属的雄猴,但不袭击雌猴。下级猴受到同样的刺激时,则会退缩,表现出顺从的行为。因此,并不是刺激下丘脑就会自动地引发猴的攻击行为;相反,猴子在作出反应时,会考虑环境及过去的经验。人类也是如此,其攻击行为也有生理基础、神经机制,并受到大脑皮质的控制,与心理、社会因素密切相关。

第二章　高职生心理健康教育模式概述

第一节　心理健康教育模式的建构与分化

模式是理想与现实之间的中介,是观念理性与经验理性之间的中介。模式研究是现代科学研究的一种重要方法。用模式方法去分析问题、简化问题,有利于较好地解决问题。心理健康教育模式是心理健康教育理论与实践相结合的产物,是心理健康教育理论应用于心理教育实践的中介环节和桥梁。探讨心理健康教育模式的建构,对于促进心理健康教育的科学发展很有现实意义,而且可以在一定程度上改变心理健康教育理论脱离实际的嫌疑或局限。

一、心理健康教育模式的建构

系统科学的整体性原理表明,心理健康教育模式是一个有机的整体,模式的性质、特点和功能都是由这个整体决定、体现的。系统的要素具有自己独立存在的特点、功能,又同时互相联系、连接,共同构成新的整体所产生的新的特点和功能。各要素之和要尽可能接近整体的关键,就是各要素之间经过优化选择,并匹配、组合得当。建构心理健康教育模式,要具备哪些最基本的条件呢?第一,内在的基本要素是明确的;第二,具有范型意义的教育活动及其具体类型;第三,探索、形成并筛选出一批具体可感的操作样式。

心理健康教育模式的构建是一个审视、选择、认同和整合各种价值观和教育观的过程,也是将心理健康教育实施过程作为一个系统的整体性建设来进行的。这个过程重视心理健康教育的操作策略和所有教育因素的有机结合。一般而言,心理健康教育模式构建的方法论思想主要从4个维度来阐述和把握,包括整体性与单项性的构建、结构性与功能性的构建、事实性与价值性的构建以及科学性与人文性的构建。

心理健康教育模式的构建有三种思路。首先,从心理健康教育实践出发,通过大量观察和多种教育实践的比较,形成心理健康教育模式的构想和创新;其次,从心理健康教育理论出发,借鉴相关理论概念,形成心理健康教育模式;最后,从心理健康教育理论与实践的结合中产生,这种方法尤其适合具有较高理论素养的心理健康教育实践者和具有丰富实践经验的心理健康教育研究者。

心理健康教育模式的构建大致可以分为两类:一类是从实践中总结形成的模式,这类模式多来自心理健康教育第一线教师的探索实践,具有较好的实践基础,但理论基础较弱,属于自发形成的心理健康教育模式;另一类是以理论模型为起点,结合心理健康教育实践形成的模式,这类模式多由心理健康教育理论工作者和实践工作者共同完成,具有较强的理论指导性。从心理健康教育理论建设的角度来看,应强调第二类心理健康教育模式的构建方式,因为只有在科学的心理健康教育理论的指导下,在扎实的心理健康教育实践基础上形成的心理健康教育模式,才能更好地适应我国学校心理健康教育实践和发展的要求。

心理健康教育模式的建构要具有本土特色、较高的理论起点和便于实际操作。有的学者认为建构教育模式存在三级水平:"第一级是低水平,其特点是缺乏理论,照搬模式,盲目实践;第二级是中水平,其特点是了解理论,学习模式,重视经验;第三级是高水平,其特点是研究理论,探索模式,指导实践。"无疑,心理健康教育模式的建构应当着眼于第三级水平。

心理健康教育模式的建构,是一个广阔的、综合的理论与实践域,存在着不同的学科视野、价值取向和表现形式。从我国心理健康教育的实际和实践出发,可以从不同的维度去把握心理健康教育的模式,如从内容维度、形式维度、对象维度、年龄维度、目标维度、策略维度等。按照大心理教育观,我们可以从宏观、中观、微观三个层次上研究心理健康教育模式:宏观上研究心理健康教育的发展战略模式,中观上研究心理健康教育系统的管理模式,微观上研究各级各类学校心理健康教育教学的过程模式。此外,还可以从认识论、教学论、课程论、价值论、方法论等方面研究心理健康教育模式。

二、多元分化的心理健康教育模式

心理健康教育模式研究的意义就在于用分类、结构或类型的方式为心理教育实践提供知识和行动的基础。英国教育管理学专家托尼·布什在讨论教育管理模式时认为,为了使教育理论能够为教育实践所接纳，"有必要对这些理论进行相对集中和归类，从而使真正不同的理论能够清晰而独立地呈现出来"。"为了更好地理解这样繁多的理论模式，我们有必要按照一定的条理来思考，并对这些理论进行必要的分类。"在教育实践中，心理健康教育模式正走向多元分化。

有学者认为，国内外采用的心理健康教育模式大致可以分为四类：以消除心理疾患为目标，采用心理治疗方法的医学模式；以改善心理障碍和行为障碍患者的社会适应性为目标，采用活动法或脱敏法等行为矫正技术的社会学模式；以学生的自我发展为目标，采用心理辅导法的教育学模式；以解决或消除某一方面、某一层面的心理问题为目标，采用专门的心理咨询或辅导的心理学模式，心理学模式又分为行为模式、认知模式、人本模式。显然，这是从学科分化的视野来划分心理健康教育模式的类型。

有学者认为，立足于加强社会大众的心理健康，提高个人生活适应能力，尽量创造有益个人心理健康发展的社会环境，从有效途径方面可以将心理教育（心理健康）划分为四种模式：一是社会学模式，从社会文化层面来增进大众的心理健康，处理与预防社会变迁导致的社会问题；二是心理学模式，强调个人生活适应功能，增进对健康人格发展的认知，培养良好习惯，减除不良适应等；三是精神医学模式，采取三级预防措施，提供临床精神医学的专业服务，预防心理不健康的产生；四是教育学模式，通过教育的历程引导人养成良好习惯，启导正确价值判断，学习为人处世之道及适应环境技能，从而维护身心健康，享受幸福美满人生。

有学者认为，现阶段我国各级各类学校探索的心理健康教育模式主要有六种：一是从课程学的高度进行探究的课程模式；二是以组织活动为中心，旨在训练和开发学生心理机能的活动模式；三是在常规的教育、教学活动中注重帮助学生提高各种认知技能和人格特质，完善心理机能的渗透模式；四是针对青少年学生身心发展需要，以性生理与性心理教育为主的青春期教育模式；五是以预防心理障碍与疾病的产生、调控心理问题发展为目标的矫正模式；六是通过建立或健全教育机构来开展心理教育的管理模式。不难看出，这是从心理健康教育的主要载体和基本途径来确定心理健康教育的多样模式。

回顾近 30 年来的发展历程，我们可以发现，如同世界上许多发达国家所经历的变化一样，我国心理健康教育的模式也在不断演变、发展，逐步向科学规范的目标迈进。大致说来，其演变历程是从医学模式向教育模式演变，从分析模式向自主模式演变，从单一模式向复合模式演变，从个别模式向团体模式演变，从障碍模式向发展模式演变。尤其是在当前，发展性心理健康教育将成为我国学校心理健康教育的重点，心理健康教育将由重障碍、重矫正的咨询模式转变为重发展、重预防的教育模式，由服务于少数人转向服务于多数人或所有的人，由少数专业人员从事的工作转变为众多教育、医务、社会工作者共同参与的事业。这将使心理健康教育的发展迈入一个更为广阔的发展空间。

心理健康教育模式是经常不断地发展变化的，是开放的、发展的、进化的。初级的心理健康教育模式中孕育着高级的模式，高级的心理健康教育模式有待于发展到更高级的模式。探寻和建构一个更理想、更合适的心理健康教育模式，是一个长期的实践过程。

在研究和建构心理健康教育模式时,我们必须同时考虑到:第一,要确立科学的心理健康教育观;第二,要不断提高实际工作者的素质水平;第三,要建立科学的心理健康教育规划和制度。只有将这几方面的工作与建立健全组织机构有机地结合起来,心理健康教育模式才能发挥它应有的作用和功能。

三、积极心理健康教育的途径和方法体系建构

高职院校实施积极心理健康教育是一项综合性系统实践活动,需要构建完善的方法途径体系。

(一)培养学生积极的人格品质

积极心理健康教育针对全体学生,发掘每个学生的内在潜质,提升学生的整体心理水平。因此,开设积极心理健康教育课程,增强学生的积极心理健康意识,提升自我发展能力的同时,还应做好以下两个方面:第一,利用非心理学学科进行积极心理渗透,结合高职院校的职业教育特点,与其他学科做好积极配合,把积极心理健康教育与学生的实训、实习等活动相结合,增强学生的抗压能力,实现专业教育和积极心理健康教育双向渗透,提高学生的心理素质和健康水平;第二,充分发挥各种实践活动课程的渗透和促进作用。高职院校每年都会开展各种形式的实践活动,这些活动不仅需要学生的专业知识,更需要与之相关的心理综合素质,也是实施积极心理健康教育的最好途径。让学生在实践中学会迎接挑战、战胜自我,学会合作与尊重他人,不断提高自己的能力,挖掘自身的潜力,增强积极的情绪体验,以培养积极的人格品质。

（二）构建积极教育环境

当一个人长期生活在积极的环境中时，往往能在这种环境中体验到满满的正能量，收获愉悦的心境，因而更能在遇到问题时从积极的方面去看问题，有利于积极人格的形成。因此，在高职院校的教育中要为学生充分营造积极的教育环境，我们可以从以下几个方面入手：首先，所有教师要具备积极的教育理念，在生活、学习、工作过程中能重视自身心灵的健康成长，具有积极的自我意识，以自身的言传身教来影响学生。其次，要建立积极的班风、校风。良好的班风应是一个具有团结向心力、人际关系和谐的班级。在这种班级中每个成员都具有强烈的自豪感、集体荣誉感和归属感，能在学习生活中积极、主动、向上，充分发挥自我能力。这些都有利于学生良好个性品质的形成。再次，在课堂氛围和师生关系上要积极和谐。师生之间教与学的过程是教育的重要组成部分，因此师生关系与课堂氛围对学生积极心理品质的塑造有着重要的影响。作为教师，应该尊重、欣赏、平等地对待每一个学生，形成和谐、平等、民主的师生关系，共同营造积极、开放、和谐的课堂氛围，让学生带着轻松、愉悦的心境积极参与课堂教学，提升自我能力，达到自我成长的目的。

（三）做好与学校、家庭、企业、社会的长期合作

构建积极心理健康教育模式。高职院校心理健康教育需要学校、家庭、企业及社会的深度参与和合作。为了实现这一目标，我们需要共同构建一个多维立体的积极心理健康教育模式，采用师

生合作、生生合作、家校合作、社校合作等多种教育方式。首先,充分发挥心理健康教师的主导作用,针对不同年级段、不同专业、不同特点的学生,提供健康课程教育和专项咨询及疏导。通过这种方式,我们可以强化学生的自我意识,挖掘他们的积极潜能,并提高全体学生的心理健康水平。同时,调动学生的主动性和积极性,教授他们基本的心理调适和提升方法,帮助他们学会自我调控和发展。其次,引导学生相互帮助、相互促进,充分发挥学生团体的作用,树立榜样和典型,以帮助学生实现积极的自我发展。此外,做好社校合作至关重要。学生最终需要走向社会、适应社会、服务社会。与此同时,社会是影响和锻炼学生的最佳平台。通过与企业的合作,让学生更好地了解和适应社会,为他们的未来职业生涯和社会生活做好心理准备,让学生在社会中更好地锻炼自己,提高辨别能力,学会积极应对各种困难和挑战,从而不断提升自己的心理品质,健全自己性格和人格。

总之,构建积极心理健康教育模式是高职院校心理健康教育的发展趋势。这种模式能够真正体现人文关怀理念,满足学生自我实现的需求,也是构建和谐社会的重要举措。通过充分发掘高职学生的积极心理品质,释放他们的心理潜能,我们可以真正提高学生心理问题的抵抗力和免疫力。

第二节　心理健康教育模式的特征与功能

一、心理健康教育模式的基本特征

之所以重视心理健康教育模式,并提出积极实践、科学研究的要求,正是因为它具有形成性与功能性的特征。

(一)心理健康教育模式的形成性特点

1. 系统性与独特性

这是指模式特有的性能。它总是比较完整地反映一种心理健康教育的结构。各种模式实际上就是各种特定的相对完整的心理健康教育系统。心理健康教育模式的一个重要思想,就是不能局限在某一角度看待问题,而应该把它们作为一个系统的整体来对待。任何一种心理健康教育模式,都有其特定的应用目标、条件和范围。如果超越或不具备其特定的应用目标、条件和范围,就很难产生良好的教育效果。

2. 稳定性与灵活性

几乎所有关于模式的定义都指出,模式应具有相对稳定性。这是因为模式不是从个别、偶然的现象中产生的,而是大量教育实践活动的理论概括,在不同程度上揭示了普遍性的教育规律。从实践的角度来看,科学性、普遍性是稳定性的基础,只有具有稳定性,才有可行性。在谈论教育模式的时候,人们一般都把它看成一个稳定的程序、程式或范式。然而,模式并非一劳永逸的"法宝"。模式的稳定性是相对的而不是绝对的,因为模式总是与特定历史时期社会政治、经济、科学、文化的水平相联系,受教育方针、教育目的制约。如果上述客观条件发生变化,心理健康教育模式也会相应发生变化。

3. 开放性与发展性

心理健康教育模式是一个开放的系统,处在不断发展的过程中。高职生心理健康教育,有教学模式、活动模式、课程模式、评价模式、研究模式和管理模式等。作为开放系统的心理健康教育模式,不仅在纵向上表现为发展阶段的历史性跃迁,而且在横向上表现为多种模式的同时并存。这种跃迁和并存,都说明心理健康教育模式的开放性。没有适应于一切领域的绝对的模式,也没有适应于一切时代的永恒的模式。心理健康教育模式不是固定不变的,随着人们对心理健康教育实践的认识不断加强,心理健康教育思想、理念的更新,心理健康教育模式也会不断地得以修正、完善和发展。心理健康教育模式不是僵化的,而是充满发展的生机与活力。

(二)心理健康教育模式的功能性特征

作为一个完整的教育功能系统,高职生心理健康教育模式有着同其他教育系统相区别的特征。这些特征具体如下:

1. 直观性与简约性

模式的直观性,可以通过图像或象征性的符号来反映它的基本特性,从而形成一个比抽象理论更具体一些的框架。模式总是从某种特定的角度、立场和侧面来揭示规律、反映实际。高职生心理健康教育模式来源于职业教育活动的现实,是高职院校心理健康教育现实的归纳和概括。心理健康教育模式不是凭空想象出来的,即使在某些情况下可以依据教育理论通过逻辑的方法推演出某种"理论模式"或假想模式,这种推演出的"理论模式"或假想模式也必须在实践中接受检验,以验证其现实性。心理健康教育模式是对教育现实进行描述的一种简化形式,在建构心理健康教育模式时应突出心理健康教育现象的基本特征和主要因素,所体现的关系应是其本质的关系,而不必面面俱到。只有这样的高职生心理健康教育模式才能帮助人们认识心理健康教育现象的本质。如果把所有的教育因素、关系等都纳入模式,就会削弱心理健康教育现实主要的、本质的因素和关系,从而失去建构模式的意义。

2. 双向性与中介性

心理健康教育模式上有理论基础,下有操作程序,能够有效沟通教育理论和教育实践,通过从教育实践到教育模式到教育理论、从教育理论到教育模式到教育实践的双向路径,成为心理健康教育理论和实践结合的"中介"。显然,模式能沟通理论与实践,既能促进心理健康教育理论的拓展,又能促进心理健康教育实践的发展。心理健康教育模式既要将心理健康教育基本理论转化为教育实践,促进职业学校教育实践的变革,又要在实践中探索新的心理健康教育理论。它从实践出发,经概括、归纳、综合,可以提出各种模式,模式一经证实,既可能形成理论,也可以从理论出发,经类比、演绎、分析,提出各种模式,从而促进实践发展。

3. 有效性与参照性

这是高职生心理健康教育模式所特有的效力。心理健康教育模式能将比较抽象的理论化为具体的策略,能对心理健康教育实践起良好的指导作用,因此,有效性是心理健康教育模式的生命力之所在。如果一种心理健康教育模式不是有效、高效的,就会被淘汰、被摒弃。建构心理健康教育模式,其目的除了帮助人们认识心理健康教育现象,更重要的是提供一种可操作的,使理论变得更直观、更便于操作,这样可以更有效地指导教育的实践。心理健康教育模式不是空洞的思辨推论,它具有一套确定的操作程序,这就使之便于理解、把握和运用。高职生心理健康教育模式提供了借鉴、模仿和遵循的参照,必然具有可模仿性和可操作性。

二、心理健康教育模式的基本功能

在现代科学方法论中,模式方法作为一种重要的研究途径,能够帮助我们对问题进行深入剖析,从而简化问题,更好地解决问题。模式具有多种功能,美国社会科学家多伊奇曾经对一般模式的功能进行研究,并指出模式一般具有 4 种功能:组合、启发、推断和测量。组合功能是指模式能够将有联系的资料(包括经验和科学的)按照规律联系起来,揭示出一种必然性。启发功能是指模式可以激发人们去探索新的未知事实和方法。推断功能是指模式可以让我们根据它所揭示的必然规律,预测预期的结果。测量功能是指模式可以通过揭示各种关系,明确某种排列次序或比率。多伊奇关于一般模式功能的研究为我们认识高职生心理健康教育模式的功能提供了启示。总的来说,心理健康教育模式的基本功能包括 5 个方面。这些功能使得心理健康教育模式在高职生心理健康教育中发挥着重要作用,帮助学生更好地认识自己,提升心理素质,以适应不断变化的社会环境。

(一)指引教育实践

心理健康教育模式具体包括指导、预见、系统化和改进四种功能。指导功能是指心理健康教育模式能够为心理健康教育实践者提供达到教育目标的条件、程序和活动方式;预见功能是指心理健康教育模式能够在某种程度上帮助预见教育结果,提供事件的进程,根据系统内的变化描述可能的结局;系统化功能是指心理健康教育模式是一个有机的系统,是一个整体结构,对心理健康教育的诸要素都发生作用;改进功能是指心理健康教育模式能够改进心理健康教育过程、方法和结果,在整体上突破已有的心理健康教育框框。

(二)创新智慧行动

模式研究旨在增强学校心理健康教育实践的理论性与实践性,改变职业学校心理健康教育的行动气质,它以行动的创造为主要目的,同时进行模式的理论探讨。心理健康教育模式是一种综合性的研究,表现为一种富有智慧的专业实践,对问题的研究具有一些鲜明的优点:①构造功能,以一般性图景提供一种整体的形象,包括系统内各个部分的次序以及相互关系;②解释功能,将复杂含糊的信息以简洁的方式描述和呈现给研究者;③启发功能,引导研究者关注某一过程或系统的核心环节。正是因为这些优点,面对复杂的心理健康教育问题,我们才能够通过模式对其进行简约、鲜明、准确且具有普遍性和启发意义的研究。

(三)促进主体发展

心理健康教育模式是在加强理解,在理性认识的基础上形成的,是从人的主体存在出发重构的与时俱进的教育模式。这一职业教育模式既有利于提高教育者的理论联系实际水平,更有利于促进受教育者心理素质的发展,提升高职院校学生的社会适应能力并促进学生素质的全面和谐发展。心理健康教育模式研究更加注重相关学科的研究,注重理论与实践的结合,也更加关注高职生主体的和谐发展,尊重高职生的主体发展性。

第三章　高职生心理健康教育模式建构的理论框架

第一节　高职生心理健康教育模式建构的认识论

从现实来看,高职生心理健康教育呈现出多学科关注、参与的景象。这就要求来自不同专业领域、持不同教育思想观念的职业教育工作者,对高职生心理健康教育的核心价值以及基本规律形成科学的共识。而建立这一科学的共识,离不开高职生心理健康教育"安身立命"的三个最为重要的支点——哲学、心理学及教育学。借助这三个支点,我们可以看到高职生心理健康教育应然的走向。

一、高职生心理健康教育的价值审视

(一)心理学视域的审视:满足高职生心理发展的多重需要

之所以要在心理学的视域下审视心理健康教育,缘于心理学揭示了人的心理生成与发展的一般规律。研究心理健康教育、建构心理健康教育的模式,都必须从人的心理生成和发展的一般特

征出发,包括不同时代所赋予人的心理的时代特征,不同群体所具有的共同心理特征以及个体独具的个性心理特征。

开展高职生心理健康教育,必然不能脱离高职生心理发展所处的年龄阶段。高职生一般处于十五六岁至十八九岁,正是由青春期向青年期过渡的时期,是逻辑思维发展日渐成熟的时期,是情绪发展的狂飙期和反抗期,是自我意识稳定、价值观形成、道德趋向成熟期,也是心理发展的不平衡期。当代被称为00后的一代高职生,具有鲜明的特征,有学者将其概括为"五强五弱":一是时代感强,责任感比较弱;二是认同感强,实践能力比较弱;三是参与性比较强,辨别能力比较弱;四是主体意识强,集体观念比较弱;五是个性特别强,心理承受能力比较弱。00后高职生的这些心理特点,是建构高职生心理健康教育模式不可或缺的重要依据。

高职生的学习由普通教育向职业教育的转变,发展方向由以升学为主向以就业为主的转变,以及面临职业选择、就业压力等多方面的挑战,使得高职生的心理发展以及面临的心理困惑,主要在学习心理、情感心理、个性心理、自我心理、人际心理、性心理、择业心理等方面,呈现出不同于普高学生和高职生的特点。而这些特点,又与高职生心理发展的年龄特点、时代特点融合在一起,其复杂性不言而喻。在关注高职生群体心理特点的同时,也要关注个体独具的心理特征。每个人心理的发生与发展,都是遗传和环境相互作用的产物,不同的遗传素质,不同的成长环境,形成了个体独有的心理特征。开展高职生心理健康教育,既要抓好"面",又要关注"点";既要从高职生共有的心理特征出发,又要针对个体独有的心理特征开展有针对性的教育活动,唯有如此,才能真正使心理健康教育惠及每一个高职生。

(二) 教育学视域的审视:把握心理健康教育的一般规律

如果说哲学为心理健康教育提供了目标和方向,心理学为心理健康教育提供了航道和支架,那么教育学可以说为心理健康教育提供了工具和方法。教育学为心理健康教育提供了切实可行的方法和策略,要求心理健康教育必须遵循教育的一般规律:明确具体的教育目标,制定可行的教育大纲,完善心理健康教育内容,开设心理健康课程,确定教育评价标准以及对教育成效的检验与考核等。教育学更为心理健康教育模式的建构提供了可资借鉴的现代教育精神,即更加注重对人性的关照,对人的心理发展的关怀。另外,从教育学的视野审视心理健康教育,还必须协调其与其他教育学科的关系,明确其在教育体系中的定位,这在某种意义上将直接决定心理健康教育实施的成效。

当然,从教育学的视野审视心理健康教育模式,只是借鉴教育学的科学原理和遵循教育实施的一般规律,并不意味着心理健康教育可以同其他的学科教育等同起来,心理健康教育模式不等同于一般学科教育模式,应遵循其本身特有的规律。同时,这一反思更是为建构心理健康教育模式提供思路,明确价值,找准方向。

二、建构高职生心理健康教育模式的现代理念

模式不仅要指导当下的高职生心理健康教育活动,而且应该着眼于未来,在理念和操作上具有前瞻性和超越性,而这离不开心

理科学理论的指导和现代职教理念的支撑。

(一)内涵发展的理念

内涵发展是指把握事物的本质特征,推动事物朝着健康、高效、有序的方向发展。在探讨高职生心理健康教育模式时,我们需要从整体上对高职生心理健康教育的本质、功能和属性形成科学合理的认识,并对模式的组成要素进行审视、选择和整合,以形成完整的体系。在构建高职生心理健康教育模式的过程中,学校需要关注内涵发展和特色发展的"问题意识",明确建构模式的重心、目的、任务、方法、效果等方面。同时,学校应切实增强责任感和紧迫感,对高职生心理健康教育模式进行科学认识、深刻理解并积极实践。为了全面推进高职生心理健康教育模式的内涵建设,学校需要从多个方面进行努力,包括更新教育观念、明确目标设计、优化课程建设、提升教师队伍素质、加强行动研究以及创新特色教育等。通过这些措施,学校将能够更好地推动高职生心理健康教育的发展。

(二)育人为本的理念

人是职业教育的主体,是高职院校心理健康教育的逻辑起点和归宿。谈及模式建构,我们必须直面、无法回避的有三个重要问题:高职生为什么要接受心理健康教育?高职生应该接受什么样的心理健康教育?如何使高职生接受适合的、优质的心理健康教育?立足于促进高职生的心理和谐和人格健全,心理健康教育不是"护短""揭短"和"补短",而是要"加长""扬长"和"拉长",引导高职生有特长、个性化地发展；心理健康教育不是诊疗般矫正、干预和预防，而是更加注重心理建设、心理成长和心理资本发展。高职院校心理健康教育工作者要树立以人为本的教育价值观、与人为善的教育人性观、助人自助的教育过程观和育人至上的教育目标观，理清思路、彰显积极、引导成长、促进发展，扎实做好心理健康教育改革创新的各项工作。

（三）追求幸福的理念

幸福意味着健康、快乐且充实的生活。这是一种心态，也取决于我们的心态。引导高职生追求幸福，实际上是在追求更健康的心态、更高品质的生活和更充实的生命。当前，部分00后高职生面临的消极心理状态，如无聊、无用、无望、无责和无助，值得我们关注和引导。为了帮助高职生获得真正的幸福感，高职院校教师需要深入了解学生的心理、心智和心灵，真正理解问题学生的心理状态、需求和问题所在。在构建心理健康教育模式时，高职院校应遵循班华教授提出的宗旨，优化心理机能、提升精神品质、促进人格和谐、服务人生幸福。高职院校需要树立精益求精、与时俱进的理念，将心理健康教育工作的重点和重心前移。我们的目标是让每一个高职生都能拥有幸福的人生，坚决守护并努力增强高职生的幸福感。通过这样的努力，我们将有助于00后高职生过上快乐、健康、和谐的生活。

三、高职高专院校开展心理健康教育的重要性

高职院校实施心理健康教育，就是要将心理健康教育融入高

职的课堂教学中,将教育概念延伸到学生的素质教育当中。关于人的素质,很多人认为这是人所具有的相对稳定的特质。但是,人会因为家庭环境、社会环境以及所接受的教育的差异等诸多因素的影响而表现出不同的特质。从学术的角度对素质进行划分,可以分为生理素质、心理素质和社会素质三个层次。生理素质是人与生俱来的,主要体现为人体器官的机能,包括感知器官、神经系统、运动器官以及大脑结构等的特点。心理素质主要是指人的心理特征,其是建立在生理素质的基础上的,在不同环境中成长,会由于所接受的教育不同而形成相对稳定的品质。社会素质,就是人处于社会中,在思想道德行为上以及知识技能等方面所体现出来的特质。很显然,在这三个层次的素质界定中,生理素质是基础,心理素质和社会素质则是建立在生理素质的基础上而发展起来的。高职院校实施素质教育,就是从教育思想和教育理念的角度对原有教育模式的完善。特别是对心理健康教育的不断强化,是实施素质教育的重要举措,也是高职心理健康教育的重要组成部分。

第二节　高职生心理健康教育模式建构的方法论

高职生心理健康教育模式是在现代职业教育理念和心理科学理论的指导下,对心理健康教育过程及其组织形式作出的特征鲜明的简要表述,其上承心理健康教育理念,下推实践操作过程,是理论与实践的中介和桥梁。建构高职生心理健康教育模式,既是对心理健康教育理论的新探索,也是对心理健康教育实践的新尝试,更是高职生心理健康教育内涵发展的新跨越。

一、建构高职生心理健康教育模式的操作策略

我们必须确立整合化的心理健康教育观,不断提高实践工作者的专业素质,建立科学可行的高职院校心理健康教育实践系统和操作制度。

(一)目标设计策略

建构心理健康教育模式的实践系统,必须先建立心理健康教育的科学目标体系。心理健康教育目标体现了教育活动的意向性和客观性的统一、阶段性和终结性的统一,它反映了人们关于心理健康教育的价值观念,规定着教育对象的发展方向和预期的发展结果,指导和支配着心理健康教育活动的过程,对心理健康教育活动起指向、激励、调节作用。建构心理健康教育目标,应坚持全面和谐发展方向,遵循高职院校学生身心发展规律,突出最基本的心理素质要求,重在打好素质教育基础,做到扬优弃劣。设计心理健康教育的目标体系,应体现出学校类别和对象层次,既要有整体科学的要求,也要用一系列可测、可行的具体指标表示,便于实际操作。

(二)行动研究策略

建构心理健康教育模式的实践系统,在研究方法论上,应采用多学科整合研究心理健康教育的策略,大力倡导心理健康教育行动研究、叙事研究和校本研究,在心理健康教育实效上下功夫,鼓

励和支持多元工作者之间展开平等的对话与交流。心理健康教育模式研究要重视人文精神与科学实践的统一,技术继承与思想创新的统一,从而建构富有价值与效率的研究手段与技术,更有效地服务于人类社会和学校教育的发展。职业教育工作者要树立全员、全程和全方位的心理健康教育意识,积极扮演"重要他人""心理辅导者"和"精神关怀者"的角色,以更加开放互动的积极姿态、更加宽阔融合的积极视野、更加灵活多样的积极方法,去担负心理健康教育模式建构的历史使命。

(三)特色创新策略

有特色就有影响力,有特色就有生命力。在我国,高职生心理健康教育概念的明确提出时间并不长,还没有完全定型成熟的理想模式。借鉴国外教育模式的经验,也需要有一个改造或改进的本土化过程,这就决定了在建构心理健康教育模式方面必须更加注重中国职业教育特色,必须和中国传统文化相结合,以科学人文关怀为本,把握当代高职生心理发展的脉搏。建构心理健康教育模式的实践系统,要按照素质教育的理念,推动职业教育观念更新、职业教育行为优化与教育实践变革,形成良性的心理健康教育生态氛围,构建富有校本行动研究特色的心理健康教育运作机制和管理系统,打造个性特色鲜明的高职生心理健康教育模式。

二、建构高职生心理健康教育模式的理性实践

建构富有特色、行之有效的高职生心理健康教育模式,是一项十分复杂的教育系统工程。我国高职生心理健康教育起步比较

晚,但起点不能低,更需要精心设计、悉心规划和用心实践。

(一)坚持积极范式

阳光心灵是高职生健康成长的心理策略,积极和谐是高职生幸福生活的心理之道,既要培育积极阳光心态,把握积极认知方式,又要保持积极情绪状态,建构积极的人际关系。走向积极实践的心理健康教育是以人为本、优化心态的幸福教育,助人自助、阳光心灵的和谐教育,是育人至上、提升心理的素质教育。建构心理健康教育模式,高职院校要探索积极心理学、人本主义心理学和建构主义心理学的理论基础,变革消极教育管理方式,以就业为导向,以服务为宗旨,以素质教育为重点,以人格教育为主线,引导高职生树立积极、均衡、适度、变通的人生态度。高职院校教师要在积极心理健康教育实践中携手探索,实现自身专业化发展,与高职院校95后学生一起成长。

(二)实施系统工程

构建高职生心理健康教育模式应遵循整合、全面、务实和发展的基本原则。这些原则包括:推动学科融合、行动统合、技术综合和目标整合;实现心理教育的全方位覆盖、心理管理的全过程实施、心理服务的全天候提供以及心理引导的全人化;强调理论探索与实践应用相结合、校本研究与专业研究相结合、求真务实与开拓创新相结合;促进学校的和谐发展、模式的创新发展、教师的专业发展和学生的个性发展。为了全面实施这一策略,我们需要推行"六个一"工程,即:由一把手负责推动;采取一盘棋的策略,统一规划;制订一揽子的计划,全面推进;构建一体化的格局,实现协同发展;提供一条龙服务,满足各方面需求;实施一系列行动,确保策略的有效执行。此外,我们还需防止心理健康教育可能出现的"异化"现象,例如:避免心理健康教育教学与研究分离;防止高职院校心理健康教育工作中出现各自为政、各自为战的现象;避免心理健康教育表面化、形式化;防止高职生心理健康教育过于德育化、医学化或学科化。通过这些措施,我们将有助于高职生心理健康教育的有效实施和发展。

(三)培育卓越师资

心理健康教育是一种信心、一种信任、一种信念和一种信仰。高品质、高水平的心理健康教育取决于爱岗敬业、乐业的心理教师。高职院校心理教师要敬畏心理健康教育、理解心理健康教育、热爱心理健康教育、变革心理健康教育和引领心理健康教育,尤其要科学认识、理智把握专业角色与成长目标,做有尊严感、责任感和幸福感的"心理人",做健康快乐、和谐成熟、专业卓越的心理教师;要积极应对高职院校心理健康教育困境、角色冲突、工作压力、职业倦怠和消极评价,努力扮演个性模特儿、人格示范者、精神关怀者和重要他人等角色,从专门的心理教师走向专业的心理教师,成长为专家型心理教师。高职院校心理教师要全面完善自我,注重心理管理,积淀心理资本,积极有效沟通,和谐人际关系,培育团队精神,为高职院校学生心理健康和谐发展做出更大的贡献。

三、高职心理健康教育模式的建构

(一)借力网络,丰富形式

单调、乏味的传统心理教学表现形式已经无法适应现代学生的心理需要,也无法满足新形势下的心理教育教学发展实际。对此,我们应依托网络平台,更加丰富传统心理教学的表现形式。首先,教师应把网络资源和传统的心理教学模式相结合,充实教学内涵,活化心理教育表现形式,并根据传统课堂的现实特点和学生的实际需要配以相应的网络教育视频,以更为直观、有趣的表现形式助力心理教学有效性的增强。第二,老师也要主动提供网上的心理教学平台,使学生随时随地都能够就自己的心理问题进行留言,以更为有效的形式回复并增强心理教学有效性,还能够通过更及时教学内容的更新,为学生提供更多的参考信息,在总体上培养学生的思想素质。

(二)扩充师资,提高能力

教师能力的欠缺也是当前中国高职院校在心理教学中不容忽视的现实难题。一方面,中国高职院校必须对心理学科老师加强规范要求,指导他们积极地开展对新的心理基础理论和知识的学习,在必要时还要组织心理专业老师参加比较专门、系统的心理业务能力训练和相应的专题讲座。这对于提升教师的整体实力非常关键。另一方面,老师们要从自身抓起,从每堂课、每件事、每个人入手,认真地充分发挥自身的引领功能,要抓住任何能够提升自身能力的机遇,尽力提升自身的能力,成为心智建设的领路人。另外,高职院校在教师能力的提高上还要针对班主任、辅导员和部分学生开展训练,让学生和心理老师合作,进一步增强心理教学的实效,以更为完善的工作团队和更为全面的指导推动全员教育的进行,以便更好地为学生进行心理服务。

(三)强化合作,家校共育

家庭教育工作既与大学生的综合性发展密切关联,又与学校心理教育工作分不开。高职院校从更大的层面出发,主动地加强合作,促进家校共育,并通过与各方的合作协助学生克服心理问题,从而助力学生的健康成长。第一,高职院校要和学生的父母进行交流,通过综合剖析学生的个性、学习过程和经历,从而发现学生心理问题的源头,使整个学校心理教育工作更具有针对性。第二,高职院校及有关老师对学生家长开展必要的培训,如心理教学讲座、心理教学训练等,主动向家长传播新的家庭教育理念和思想,使家长更清楚心理教学的意义,以便更好地与学校和老师建立协作,形成另一个实战力强的心理教学工作团队。

第三节　高职生心理健康教育模式建构的发展论

一、高职生心理健康教育模式的发展趋向

（一）价值追求：从功利化、工具化走向人性化、人本化

心理健康教育在一些人的观念中被认为是改进学校德育的"氧气瓶"、解决学校教育问题的"灭火器"、粉饰应试教育的"墙面砖"和教育改革发展的"助推器"。这种观点反映了工具主义的教育观，即心理健康教育存在的合理性在于其能够完成某种独特的外在任务。然而，现在越来越多的人开始认识到，心理健康教育的核心问题其实是人的心理发展问题，它是现代人性发展与提升的内在需求。心理健康教育的出现是对教育人学思潮的一种回应，其功能理应关注人的心理成长、发展与自我实现。在加强和改进我国心理健康教育时，不应过于"功利"和"物本"，而应秉持"以人为本"的原则。也就是说，我们应该把人视为自身心理发展与建设的主人，把人的主体性发展作为"目的"而不是"手段"。在心理健康教育中，我们应该一切从人出发，一切为了人，一切服务于人，一切着眼于人的全面发展，重视人的生命和生活，关怀人的价值和使命，关注人的精神和信仰。只有当我国心理健康教育定位在"人本心理教育""人性化心理教育"的基本点上，实践和建构以人为本、全面发展的心理健康教育价值理念，其长远的教育效益和发展前

景才会是非常美好、灿烂的。这样的心理健康教育才是最受欢迎、最富有生命力的。

(二)科学信念:从注重普适性走向关注本土化

在认识上,以往的心理健康教育模式被认为是没有民族疆界的科学信念,人们致力于寻求跨文化的心理健康教育方式、方法与技术,而现在这种认识正日益淡化,取而代之的是本土化心理健康教育模式的建构与发展,理所当然要更加关注社会文化背景对心理教育的作用和影响,更加强调凸显心理健康教育的民族个性和地方特色,更加紧密地与心理健康教育对象的个性特征、文化观念和生活实际相结合。当然,这种本土化不是完全另外创一套学术规则,拒绝与世界学术对话,而是在遵守基本学术规范的前提下,渗透有独特文化意蕴和呈现、陈述方式的中国教育学传统,在对我国心理健康教育的特殊性、独特的发展规律和活动原理深入研究并总结最新研究成果的基础上,提出具有中国化色彩的心理健康教育思想和理论,建立起我国心理健康教育自身的学科体系和基本框架。心理健康教育模式本土化的最终目标是解决中国的现实教育问题,积极参与进而影响国际心理教育学术界的发展。总之,我国心理健康教育需要国际化的视野,但不能全盘"西化";需要"本土化"的信念,但不能搞封闭式的"乡土化"。

(三)功能定位:从消极性、预防性为主走向积极性、发展性为主

防治与发展始终是心理健康教育的两大主题,也是两种不同

的目标取向。按理说,预防与发展并不矛盾,这是相辅相成的两个方面。有效的预防能有利于发展,积极的发展能从根本上保证预防。但目前大多数学校和教师还是更多地着眼于防治性的心理健康教育工作,主要还是解决少数学生存在的心理障碍,而忽视了大多数学生的发展需求。随着对心理健康教育功能认识的不断深化,心理健康教育的发展性理念被越来越多的人接受。从注重心理障碍与疾病的预防、咨询和治疗逐步转变为重视引导人的心理健康和谐自主发展,促进人的心理可持续发展,建构、创造和引领人的心理的"最近发展区",是心理健康教育功能定位变革的基本趋向。《辞海》中已经将心理教育的表现形式界定为两种:占主导地位的积极的心理教育和处于辅助地位的消极的心理教育。人们已经认识到:心理健康教育的核心旨趣是促进和实现人的心理发展,发展是心理教育的根本性功能。可以预言,在并不久远的将来,发展性心理健康教育在整个心理健康教育体系当中必定处于基础地位,将会成为心理健康教育的重点。以发展性功能为主,以预防性、治疗性功能为辅将成为人们建构心理健康教育模式的共识,积极意义上的发展性心理健康教育模式将会得到进一步的拓展。

(四)教学形态:从被动接受式走向自主建构式

心理健康教育是一种性质特殊的教育。究其实质而言,心理健康教育是一种助人自助的教育和心理的自我学习,或者说是主体自主自觉实现的心理学习。"我说你听,我讲你记,我打你通"的心理健康教育方式将会逐步退出学校和课堂教学的舞台,心理健康教育的教学再也不是机械刻板的、程式化教学,再也不能成为教师的"一言堂""独角戏"。我们需要建立民主平等、尊重宽容的师生关系,需要更多自主互动、合作教学和交互式教学,需要建立诸如心理家庭、心理互助组之类的"学习者共同体(community of learners)",需要让学生自编自演的心理小品、心理剧进入课堂、进入校园生活,需要创设生动形象、潜移默化的心理健康教育情境和氛围,引导学生在具体的生活情境中实践体验,倡导学生"在问题解决过程中"学习成长。让学生在对话交流、讨论辩论和角色扮演中自由成长,让学生在社会实践、参与活动和亲身体验中自主发展,让学生在自助、他助和互助中自立进步,教师应当更多地给予学生真诚的理解与信任、倾听与交流、鼓励与引导、支持和帮助,应当更多地给予学生无条件的积极关注。这是自主建构式心理健康教育的目标所在和实质性内涵。以建构主义的现代教育思想来改进和完善心理健康教育,强调学习者自身的主体性,充分张扬学生的主体性将成为心理健康教育模式建构的基本理念。

(五)工作队伍:从专门人员、专业服务走向专家引领、全员参与

心理健康教育是一项专业性要求很强的工作,必须建立一支训练有素、掌握相关专业知识技能的专门化的师资队伍。但从我国目前的教师教育培养体系来看,专业化的心理健康教育师资需求又不可能得到基本满足。人们已经意识到,仅仅依靠少数几名专业人员开展心理健康教育和心理服务工作是远远不够的,也不可能真正做到位,满足青少年学生心理发展、潜能开发和人格健全

的需求。因此,在心理健康教育专家的指导下,少量专职心理辅导教师从事部分专业性要求高的心理健康教育工作,如心理测验、心理咨询等;全体教师共同关注学生的心理世界,关心学生的心理成长,引导和促进学生的心理发展,将成为现实的选择。"心理育人、人人有责",心理健康教育的全员化和全程化将日益深入人心。学科教学中心理健康教育的有机渗透,管理服务的心理育人,校园环境的心理育人,班级管理、团队工作、社会实践和校园文化的心理健康教育功能将在自觉意识的层面上得到进一步的重视和提升。

(六)运作机制:从行政指令性工作走向市场化"产业"服务

虽然心理健康教育在中小学校基础教育阶段也是一种义务教育,是青少年学生应该免费享有的一种教育权利和资源,但现在心理健康教育实施更多还是依赖教育行政部门的指令性和强制性要求,一些学校和教师觉得心理健康教育只有投入没有产出,把心理健康教育当作既有学校教育之外迫不得已而为之的额外负担。目前,心理健康教育的产业化发展已经初显端倪,心理咨询、心理治疗已经不再是无偿的、义务性的社会奉献,心理健康教育师资培养培训、进修提高的有偿和自费,大量的心理教育教材、读物、心理健康测评软件、心理量表、心理实验仪器和影像制品等将全面推向市场,心理服务中介机构、心理服务热线和心理网站将蓬勃兴起,形式多样的心理服务将步入自负盈亏的商业化运作轨道,实现优胜劣汰的市场化经营。注重心理健康教育的质量、特色和效益,注重心理健康教育的市场空间拓展和生命力焕发将会成为心理健康教育产业界自觉的追求。

(七)学科视域:从单一学科走向多学科视域融合

心理健康教育在今天已经成为一个多元的复合概念,而不只是教育学科或者心理学科的概念。英国的理查德·尼尔森认为:"心理教育绝非一元现象,它是一个广泛的术语,对于具有不同理论导向和不同工作的人有不同的含义。""横看成岭侧成峰,远近高低各不同。"心理教育界定的丰富多样性,反映了人们对心理健康教育认识视野的多维性、广阔性。心理学、教育学、社会学、文化学、医学等每一种学科视野都有其自身的特点,有其自身适用的层次和范围,而只有多学科视野的互补共存,才能形成合理可行的心理健康教育方法论系统。在科学日趋综合的当今时代,各学科画地为牢、自我禁锢的状况即将"终结",而且必须"终结"了。对待心理健康教育这样一个可能是世界上最复杂的事物,只有采用多学科视域融合的策略才能做出一个全方位的描述,才能更充分地展示人类的心理状况和心理健康教育的本来面目。在多学科的"视域融合"下,"祛魅的心理健康教育"将真正成为"返魅的心理健康教育",事实就是如此。

二、走向整合实践的高职生心理健康教育模式

当今社会的发展表现出由小到大的趋向:从小生产发展到大生产,从小经济发展到大经济,从小科学发展到大科学,从小教育发展到大教育,等等。这一切都预示着心理健康教育模式的发展必然会由"小"到"大"。这里所讲的"小",不是"渺小""微小"或

"弱小",而是所谓的"单一""分割""孤立""封闭";这里所讲的"大",也不是"扩大""高大""伟大",而是指"系统""整体""开放"和"进化"。从简单到复杂,从单一到系统,从分割到整体,从孤立、封闭到拓展、开放——心理健康教育模式正是这样发展、进化。按照系统科学的观点,大心理健康教育应当是一个多样的、开放的、整合的大系统。建构和实践大心理健康教育,就是坚持心理健康教育应当时间长,强调实行终身心理健康教育;空间广,强调发展各类心理教育;内容多,强调实行全面心理健康教育;效率高,强调实行自主性的心理健康教育;质量好,强调实行着眼于未来的心理健康教育,等等。

大心理健康教育观特别强调用系统科学的观点,从多学科领域建构心理健康教育模式的理论基础。要创造性地解决人类尚未解决的比较重要的问题,需要重视多学科的整合,关键是要实现多学科的整合。因为整合容易促进创造,多学科的整合有利于创造。从系统科学的观点来研究建构心理健康教育模式,整合的模式同样值得我们关注。心理学的、教育学的、社会学的、文化学的、医学的等多学科的心理健康教育模式各有特色,各有侧重,这些都是必要的。但理论分析和实践探索都已经证明,单一学科视野的心理健康教育模式不可能取得满意的效果。从人的心理发展的整体性和心理教育的整体目标来看,我们需要重视和实现心理健康教育模式的有机融合,只有多学科整合的心理健康教育模式才能有利于培养心理素质较高的人才。

如前文所述,心理健康教育是培养人、引导人的一种社会活动。人的心理的复杂性、教育活动的复杂性以及社会的复杂性,决定了心理健康教育固有的复杂性。因此，心理健康教育模式不可能是单一的，必然是多样的。由单一化向多样化发展是现代教育模式发展的一个明显趋势。实际上，心理健康教育是一门科学，也是一门艺术，在实践中不可能单一地采用某一种模式。要克服心理健康教育模式的单一化倾向，就要提倡多种心理健康教育模式的互补融合。综合应用多种模式，能够发挥心理健康教育的整体功能，保持心理健康教育系统的最大活力，最大限度地开发学生的心理潜能，全面提升学生的心理素质，从而实现心理健康教育过程和效果的最优化。所以，心理健康教育既不能唯模式是从，更不能唯单一模式是从。

　　未来心理健康教育的模式必定是"建构模式，超越模式，灵活多变，整合互补"。每种模式在特定条件下都具有合理性、科学性和实用性，所以我们不能轻易地加以否定。然而，一旦模式固定不变，往往会不可避免地走向反面。心理健康教育的受众、目标以及内容各有差异，因此心理健康教育过程的组织形式也应当有所不同，即心理健康教育模式应当具备灵活性和多样性。同时，我们应认识到各种心理健康教育模式都有其优势和劣势，将各种模式整合在一起，相互补充、相互协调，这对实现心理教育的理想目标至关重要。因此，心理健康教育的模式不能是单一的、固定的，而应走向整合的心理健康教育模式。我们需要学会构建和超越模式，从科学整合的视角出发，推动心理健康教育模式的可持续发展。

　　从无序状态走向有序，建构规范的心理健康教育整合模式，这是心理健康教育模式发展的第一次提升；从有序走向自由，对整合模式的超越，这是心理健康教育模式发展的第二次升华。建构整合模式,是为了最终摆脱整合模式。心理健康教育整合模式的稳定是相对的、暂时的,而变化、发展才是永恒的、绝对的。心理健康教育整合模式无论是理论形态还是物质形态,都不应该也不可能是固定不变的,而是可持续发展的,理应随着社会、教育与科技的发展而不断发展,不断注入新的内涵、新的精神。这也预示着心理健康教育整合模式具有很强的生命力。

　　总之,心理健康教育整合模式的建构不是僵化的教条,应当在不断发展与完善中实现新的超越。事实上,心理健康教育整合模式的建构与模式的超越是相互依存的两个方面,建构模式应理解为不断建构与不断超越的连续过程。对心理健康教育整合模式的不断变化、改造、超越和再创新,才是心理健康教育模式创新的本质。对心理健康教育整合模式的研究最终应是消解模式,走向心理健康教育实践的真正自由。从发展的眼光来看,突破心理健康教育的整合模式,实行无模式化的心理健康教育,是今后我国心理健康教育发展应当努力追求的一种崇高境界。

第四章　高职生心理健康教育文化模式的创新与实践

第一节　高职生心理健康教育文化模式概述

随着时代的发展,心理健康教育的重要性越来越得到学校和社会的认可,心理健康教育已经成为教育的重要组成部分。经过30多年的发展,心理健康教育的实践日趋成熟,许多研究者从各自不同角度积极建构心理健康教育模式。职业院校作为培养人才的摇篮,其校园文化环境对学生心理的发展有直接的影响。

一、高职生心理健康教育文化模式建构的基本内涵

高职生的心理发展离不开学校大环境的影响,而校园文化正是影响高职生心理发展的重要因素。校园文化是在当今社会各种文化不断碰撞的背景下,以校园精神为主要特征,以全体师生为主导,形成的反映师生共同信念和追求的校园精神和物质文化的总和。广义的校园文化包括三部分:校园物质文化、制度文化、精神文化。狭义的校园文化仅指校园精神文化,包括办学理念、校风、校训、学风、学纪等。

学校心理健康教育是在心理学理论基础之上,广泛运用心理

学的各种技术,以培养学生良好心理素质,促进个体生理、心理社会协调发展的教育活动。高职生心理健康教育应该根据高职院校学生生理心理发展的规律,融合多种心理学的技术和手段,创造适合高职生发展的环境,促进高职生身心协调发展的教育活动。

心理健康教育的文化模式是从外部环境,系统研究心理健康教育的一种方式,它把心理健康教育置于文化的角度进行审视,寻找学校心理健康教育与文化的最佳契合点,从而探索其模式的主要内容。高职生心理健康教育文化模式的建构正是通过校园文化建设的内在和外在的影响,把职业学校的心理健康教育置于高职生所处的时代和社会环境中进行审视,使师生的行为、思想和心理品质与学校的要求相一致,努力为学生营造一个积极向上的环境,从而帮助学生解决成长中遇到的各种心理问题,促进学生的身心和谐发展。

二、高职生心理健康教育文化模式建构的教育背景

在我国,职业院校的生源质量要比普通高中低一些。一方面,进入高职院校的学生普遍成绩不理想,文化素质较低;另一方面,高职生的行为问题比较严重,心理问题也更加突出。作为当代的高职生,不仅要面临比以往更为激烈的社会竞争,还需要面对社会发展给人们所带来的内心孤独、茫然、无助、冷漠、压抑等情绪。由于高职生正处在生理、心理发展的重要阶段,半成熟半幼稚的特点明显,情绪不稳定、耐挫力弱、团队合作意识差、以自我为中心,这对高职生心理的健康发展不免会产生不良的影响。

我们正处在一个文化开放的时代,一个多元文化激烈碰撞的

年代,随着信息化的不断推进,各种文化理念也在飞速影响着高职生的心理发展,比如备受高职生推崇的网络文化、非主流文化等。高职生一方面享受着积极文化带来的成果,另一方面面临着消极、低俗文化对自身冲击的影响。行为主义代表人物华生认为,环境对人心理的发展有着决定性的作用,什么样的环境能培养什么样的人。因此,将高职生心理健康教育置于文化学的视野中来审视,积极建构心理健康教育的文化模式,探索校园文化和班级文化对学生心理发展的影响,有助于更好地把握心理健康教育的内在规律,更加清晰地认识心理健康教育的文化属性,对于高职生心理健康教育模式的构建也有重要的意义。

三、心理健康教育教学的现状

心理健康教育对于提高高职学生心理素质和促进身心健康和谐发展具有重要作用,是学校人才培养体系的关键组成部分。课堂作为心理健康教育的主要场所和途径,具有重要意义。根据教育部党组 2018 年 7 月发布的《高等学校学生心理健康教育指导纲要》,心理健康教育课程应丰富教学方式,创新教学手段,改进教学方法。传统的教学方式主要依靠课堂讲授,很难贴近高职生的实际生活,无法针对性地满足学生需求和发挥主观能动性。基于网络的心理健康教育在线课程往往存在难以理解、消化的内容,学生的现实需求难以在课程中得到解答。相较于本科生,高职学生更喜欢参与性和互动性强的课程。因此,混合式教学模式应运而生,它是一种结合在线教学和传统教学优势的"线上"+"线下"教学模式。在线教学模式利用互联网为学生提供丰富的课程相关学习资源,教师通过线上平台掌握学生学习进度和困扰,为学生答疑解惑。线下教学则通过案例分析、主题讨论、团体活动、小组展示、角色扮演、行为训练、心理测评等多种活动辅助教学,激发学生学习兴趣和主观能动性,满足学生对丰富内心体验和行为训练的需求。综上所述,混合式教学模式在高等教育普及化背景下成了教学模式的现实选择。

四、高职生心理健康教育课程混合式教学模式的实施

(一)课程内容

高职生心理健康教育课程理念是培育学生自尊自信、理性平和、积极向上的健康心态。针对高职生常见的心理困扰和教育部的指导纲要,我们将教学内容整合为四个模块,分别是社会适应、心理成长与潜能、心理危机干预、心理素质拓展与实践训练。其中,社会适应模块包括入学适应、人际交往、情绪管理、恋爱心理四个主题;心理成长与潜能模块包括自我意识、人格、时间管理、学习心理、职业生涯规划五个主题;心理危机干预模块包括挫折教育、生命教育、心理咨询这三个主题;心理素质拓展与实践训练模块由体验团体辅导、生活中的心理效应、心理情景剧及自我成长报告四项内容构成。

(二)课程实施

利用超星学习通作为心理健康教育课程混合式教学的网络平台,教学分为课前、课中、课后三个阶段及学习效果的展示部分。

1. 课前

教师在超星学习通平台创建课程,梳理课程章节并建立课程脉络,随后上传教案、课件、微课、教学音/视频、课程案例等相关教学资料。成功创建课程后,教师根据自己的教学情况创建相应的教学班,将班级邀请码发给学生,学生完成平台注册并根据邀请码加入课程。每次课程前,教师利用平台的通知功能向学生发布课前任务,要求学生在课程开始前完成相应的学习任务并根据学生的完成情况给予相应的积分奖励。课前任务的类型主要有资料阅读(如心理健康概论、心理咨询等章节,向学生提供心理健康和心理咨询的基础知识,以供学生自学)、主题讨论(如人际交往章节,学生阅读意大利探险家蒙塔尔的独居实验,分享感受并探讨人际交往的意义)、案例分析(如自我意识章节,为学生提供高职生常见的自我意识问题,学生针对案例进行分析)、心理测试(如情绪管理、人格等章节,为学生提供标准的在线心理测试)、问卷调查(如情绪管理、恋爱心理章节,向学生发放匿名问卷,了解学生的情绪困扰、对课程内容的期待与需求等)、微课自学(如心理效应章节,为学生提供心理效应的微课视频,学生自学并根据小组所选的汇报内容进行资料收集与课件制作)。任务发布后,教师可根据学习通平台提供的统计数据随时掌握学生的完成情况,并对未及时完成学习任务的学生发布督促提醒。此外,学生在学习过程中遇到问题或困扰时,也可以通过学习平台随时与任课教师进行互动与沟通。

2. 课中

课堂教学是最为重要的环节,在授课过程中,主要采用以学生为中心,教师引导总结的方式,根据不同主题设计相应的心理体验训练和团体协作等互动体验式的活动,调动学生的学习兴趣和积极性,丰富内心体验和感受,加深学生对于知识点的理解和应用。例如,在人际交往章节,以小组为单位开展以"人际交往"为主题的团体绘画,帮助学生通过具体的团体互动理解人际交往的原则、沟通的技巧、团队协作的重要性及注意事项;在自我意识章节,通过自画像、我是谁、背后留言帮助学生全面客观地认识自我,通过主题辩论自己喜欢自己重要 VS 他人喜欢自己重要、视频"你比想象中的更美丽"帮助学生接纳自我;在情绪管理章节,通过猜情绪、天使与恶魔、情绪树,帮助学生了解情绪的构成与产生,学会调控情绪。

在授课过程中,借助学习通平台的课件投屏、签到、选人、抢答、主题讨论、投票、分组任务、评分、计时器等活动,有效调动学生的积极性,在一定程度上解决了"课堂管理与手机使用的冲突",为学生分享个人观点提供了平台,提升了学生的思考和表达能力。

3. 课后

教师在学习通平台创建作业库,在课程结束后向学生发放相应的任务,学生及时完成并上传。作业任务主要以实践活动为主。例如,心理健康概论章节要求学生根据一定的规则分组并制定小组公约;人际交往章节要求学生认识 10 个新朋友并发现其优点;在自我意识章节创作"我的诗歌"并拍摄音视频上传。这些实践任务,为学生提供了自我展示的平台,也为学生与他人的沟通交流和思想碰撞提供了可能。除此之外,借助学习通平台提供的音视频、图书、心理美文、网络链接、心理测试等课后拓展资源,教师可以为感兴趣及有需要的同学提供平台,也为学生心理素质拓展提供空间。

4. 学习效果展示

效果展示主要分为两个部分,分别设置在课程学习的中期和课程结束前。在课程学习中期,教师提供生活中常见心理效应的列表,学生以小组(3~4人)为单位选择主题、收集资料、制作课件并进行汇报展示。在课前结束前,学生以小组(6~8人)为单位,根据学习内容自选主题,进行剧本创作、视频拍摄,完成心理剧制作并进行展演。教师根据学生的表现进行点评,以此作为学生成绩的一部分,学生展示的优秀作品也将作为教学资源运用到后续的课程教学中。学生在完成任务的过程中,加深了对知识的理解运用,提升了获取利用信息、自主学习和团队合作的能力,也在汇报展示中提升了语言表达能力和自信心。

(三)考核评价

1. 课程考核

为了进一步提高学生的自主学习能力,优化教学效果,课程评价体系进行了全面改革,以实现更加全面客观的评价结果。改革重点在于加大过程性考核的比重,更加关注学生的日常学习过程和学习态度。在新的评价体系中,终结性考核(如论文)仅占总成绩的30%,而过程性考核(包括课堂表现和课程实践)则占总成绩的70%。课堂表现占据过程性考核的30%,依据学习通平台的数据统计评分,包括课前/课后任务的完成情况、出勤记录以及课堂活动的参与度(如主题讨论、小组任务、投票、抢答和选人等)。课程实践占据过程性考核的40%,主要考查学生的自主学习能力。这一部分基于两种学习效果的展示:心理效应的讲解和心理剧的制作展演。每个项目占总成绩的20%。通过这样的课程评价改革,教师实现了考核方式的过程化、多维化和信息化。学习通平台的数据统计使得课程评价更加科学客观,也有助于培养学生的自主学习习惯,为终身学习奠定基础。

2. 学生反馈

心理健康教育课程深受学生喜爱,学习通平台的问卷调查显示,绝大多数学生对课程提供的丰富教学资源和活动表示高度认可(99.57%),并且对课程内容和互动交流感到满意(98.55%)。通过本课程的学习,学生取得了良好的教学效果。他们对心理健康的基本概念和意义有了更加清晰的认识,自我保健和预防心理危机的意识得到了增强。此外,学生们还掌握了基本的人际交往技巧和情绪管理方法,能够运用所学心理知识解释日常生活中的心理现象。学生对心理咨询的科学原理有了更深入的了解,能够在必要时采取自助和主动求助的方式应对心理问题。这表明心理健康教育课程不仅丰富了学生的知识体系,还提高了他们的心理素质和应对能力。

第二节　高职生心理健康教育
文化模式的科学建构

高职生所处的文化环境是高职生心理发展的一个重要外部条件。当代高职生正处在文化浪潮的风口浪尖上,面临着各种文化的冲突和考验,而目前关于高职生心理健康教育文化模式建构的研究又很少,因此,只有对高职生心理健康教育文化模式的现状进行充分分析、总结和反思,并以扎实的心理学理论作为支撑,积极寻找模式建构的方法和原则,才能对心理健康教育文化模式进行科学合理的建构。

一、高职生心理健康教育文化模式建构的现状分析

搜索 CNKI 中关于高职生心理健康教育的文章,有 352 篇,其中关于高职生心理健康教育模式构建的文章有 33 篇,其余都是高职生和心理健康教育类的文章,而直接论述高职生心理健康教育文化模式构建的文章比较少,大多数文章都是从校园文化的角度来阐述高职生的心理健康教育。综观近年来文化和高职生心理健康教育的研究,主要有以下几个方面。

(一)文化对高职生心理的影响

维果斯基的文化历史发展论强调社会文化对人的心理产生的影响和作用。人不仅具有人类共有的性质和特点,还具有文化特有的性质和特点。积极向上的文化能对人的心理发展产生一种正

向的引导作用:培养积极的情感、乐观向上的精神,树立正确的人生观和价值观;而消极低俗的文化会对人心理的发展产生不良的作用:养成不良的习惯、形成低俗的审美观、产生负面心态。丛培卿、周莹指出当代高职生正处在文化浪潮的风口浪尖上,面临着各种文化冲突的考验:传统文化与现代文化、大众文化与精英文化东方文化与西方文化、科学文化与人文文化。崔景贵指出部分学生对文化的两极态度比较明显,要么过于迷恋,要么过于冷漠,这样会造成个性的扭曲,影响心理的健康成长。陈庆华在其研究中指出我国高职院校心理健康教育普遍缺乏自身特有的文化内涵,学校的心理健康教育工作没有特色、缺乏实效性。

根据以往研究可以看出,文化对高职生心理发展有很大的影响作用,但许多高职院校心理健康教育的文化内涵,没有形成自身的职教特色,导致部分学生在面对不同文化冲击的时候显得无所适从。

(二)校园文化的心理功能

广义的校园文化包括物质文化、制度文化和精神文化,它是校园生活方式的总和。狭义的校园文化是学校在长期发展过程中积淀而成的有自己特色的价值取向、行为规范和思维方式。申小莹、李静、刘晓瑞在研究中指出校园文化作为一种环境文化,它的心理功能主要包括 5 个方面:示范功能、凝聚功能、心理调适功能、扬弃与创造功能、约束和熏陶功能。徐玲认为校园文化的心理功能有激励功能、社会化功能、教育促进功能、凝聚功能和塑造功能。李继兵在其博士学位论文中指出大学校园文化具有 4 个功能:精神品性的引领功能、价值观的导向功能、理想人格的范型定位功能、教与学场域的构建功能。

综上所述,校园文化的心理功能主要有激励功能、社会化功能、教育促进功能、凝聚功能和塑造功能。

(三) 文化环境下高职生心理健康教育的对策

许多研究者从文化环境构建的角度提出了有利于高职生心理发展的对策。陈庆华认为要从 4 个方面着手:建设多元化的心理健康教育环境、树立生态化的心理健康教育理念、探索发展性的心理健康教育模式、构建具有自身校园特色的心理课程。刘晶提出了加强校园文化建设的 3 个心理学对策:优化校园文化环境、内化校园文化理念、提高校园文化层次。徐玲指出环境是影响学生心理健康的重要因素,因此,校园文化心理功能的实现可以通过加强校园物质环境建设、重视校园精神文化建设、树立优良校风三个方面入手。

综上所述,为了更好地促进高职生心理发展,要积极构建适合高职生发展的环境,内化校园文化理念,加强校园物质文化和精神文化建设。

二、高职生心理健康教育文化模式建构的理论基础

任何一种模式的建构都有其相应的基础,理论是实践的源泉,没有理论作为指导,就好比一座房子,少了稳固的地基,必然风雨飘摇。因此,为了更好地建构高职生心理健康教育文化模式,必须以相应的心理学理论作为基础。

（一）维果斯基的文化历史发展论

维果斯基认为，人的心理机能是随着文化活动的发展而发展、变化而变化的。文化和心理有一种天然的、密不可分的联系，文化是心理的外化，而心理是文化的内化。文化由人的观念、激情与意志创造，反映人的价值意识，同时文化又塑造人的心理行为。不同的文化模式对人的心理和行为的影响是不同的。从文化的作用机制来看，人的心理是在社会文化环境的制约和作用下建构起来的。人有怎样的心理世界，在很大程度上取决于其置身于何种社会文化环境之中。人的心理健康总是被赋予一定的文化内涵，不可能有脱离特定文化意味的"纯粹"的心理健康，也就是说，心理健康具有文化的相对性。

（二）班杜拉的观察学习理论

班杜拉认为，人的大多数行为都是通过观察学习而来的，人们通过观察他人的行为，可以获得榜样行为的符号性表征，并可以间接地学习，产生与之相似的行为，而这一切的发生都离不开其所处的环境。因此，如果学生处在一个积极的文化环境中，他必然能有机会模仿一些积极的行为，这样不仅可以促进其养成良好的行为习惯，更能促进其人格的完善和心理的和谐发展。

另外，班杜拉还强调"榜样"的重要作用。在学校经常开展各类文化心理活动，努力形成一种积极向上的文化氛围，不仅可以促进学生正常的人际交往，更重要的是学生可以通过这些活动寻找一个积极的榜样作为其发展的目标，这样对学生行为和心理的发展都有一个正向的引导作用。

(三)罗杰斯人本主义理论

罗杰斯的人本主义强调人的尊严和价值,强调无条件积极关注。他认为,在对待学生的时候,无论学生的品性如何,作为老师,都应该给予积极的关注,并且要主动挖掘学生身上的闪光点,促进学生的自我实现。另外,罗杰斯还强调来访者中心原则,即老师对待学生的时候,必须从学生的角度来考虑问题,而不能只从自己的角度出发,要充分考虑学生的心理发展和需要,给予学生足够的关怀和照顾,让每一个学生都有机会获得发展和自我实现。

三、高职生心理健康教育文化模式的理论建构

高职生心理健康教育文化模式是当今心育文化模式建构的一种形式,本文从模式建构的理念、目标、条件、程序和评价 5 个方面,对高职生心理健康教育文化模式的建构进行相应的分析与研究。

(一)高职生心理健康教育文化模式建构的理念

心理健康教育文化模式的提出,建立在坚实的理论基础之上。根据维果斯基的文化历史发展论,人的心理是在社会文化环境的制约和影响下逐渐形成的。不同的文化模式对个体的心理和行为有着显著的影响,因此,不能忽视高职生所处环境在心理健康模式建构中的作用。苏霍姆林斯基在其和谐教育思想中强调,学生健康发展离不开良好的教育环境,这个环境是由自然、社会和家庭三

者共同协调而成的。教育的目标在于促进学生的个性全面和谐发展，为此，教育者需要积极为学生营造一个理想的学习环境。此外，积极心理学的创始人赛里格曼提出，应从积极的视角来审视心理健康问题，培养人们的积极心理品质。通过积极构建自我心理，人们可以以更积极的态度来应对文化因素带来的机遇和挑战，从而达到促进学生心理健康的目的。

（二）高职生心理健康教育文化模式建构的目标

心理健康教育目标是整个心理教育活动的灵魂，目标是否具有科学性，将直接影响心理健康教育的效果。通过高职生心理健康教育文化模式的建构，一方面可以进一步推进校园文化建设，构建良好的校园环境，打造以美为核心的校园文化；另一方面，以良好的育人环境影响学生的心理，促进高职生的人格完善。

1. 推进校园文化建设

校园文化建设是职业学校建设的重要内容，良好的校园环境有利于高职生的成长和发展。一是要大力推进职业学校环境建设，构建美丽校园；二是要加强职业学校制度建设，积极创立适合全校师生发展的人文制度；三是要积极开展适合高职生身心发展的校园文化活动，良好的活动氛围。

2. 促进高职生人格的完善

在我国，相比普通高中的学生而言，高职生的生源和质量比较低，一般而言，考不上高中的学生才会选择高职院校，而在这些学生中，有许多学生不仅成绩不佳，还存在行为习惯不良的问题。据统计,高职生的家庭有许多是单亲或离异家庭,许多高职生从小就生长在没有完整的父爱、母爱的环境中,这也成为他们成绩不佳、行为习惯差的重要原因。通过高职生心理健康教育文化模式的建构,在学校中营造良好的育人文化、包容文化,打造适合高职生发展的活动文化,形成积极的正能量,让更多的高职生在校园文化建设的过程中,完善自己的人格,促进心理健康和谐发展。

(三)高职生心理健康教育文化模式建构的条件

任何模式的建构都必须具备相应的条件,条件的好坏往往关系到模式建构的程度,要建构高职生心理健康教育文化模式,最主要的条件有以下三个。

1. 领导的高度重视

任何模式要在学校进行建构,都离不开校领导的大力支持。只有获得了领导们的支持,心理健康教育文化模式的建构和推广工作才能进行得更快、更顺利。首先是经费的支持。高职生心理健康教育文化模式的建构不同于其他模式,它包括物质文化、制度文化和精神文化的建设,每一项校园文化建设要想得以顺利开展,都需要相应的经费作为基础,尤其是校园环境的建设,投入的资金更大,因此,只有获得了领导们的支持,在开展心理健康教育文化模式建构的时候才能更加顺利。其次是相应的组织保障。心理健康教育文化模式的建构不单单是通过几个心理教师就能完成的工作,它需要全校师生和各机构的大力配合,成立以校领导为首,各部门领导和心理教师协同配合的组织管理机构,不仅能获得更多部门的支持和配合,更可以进行合理分工,保证心理健康教育文化模式科学有序地建构。

2. 教师的积极配合

心理健康教育文化模式的建构,除了需要领导的大力支持,还需要一定的师资力量作为保障。作为模式的实行者,师资队伍的水平和能力在很大程度上决定了该模式建构的水平和质量。一般而言,心理健康教育文化模式的建构需要两支队伍:一是学校专职的心理教师,他们科班毕业,拥有扎实的心理学功底,不仅能为该模式的建构提供科学的理论框架,还能把相应的心理学知识传递给其他老师,提升整个队伍的理论水平;二是学校的班主任、辅导员、团委老师等,他们拥有丰富的一线教学管理经验,可以配合专职心理教师,把心理健康教育文化模式建构的理论推向实践。

3. 学生的主动参与

心理健康教育文化模式建构的落脚点是促进学生心理的发展,要做到这一点,学生的主动参与也非常重要。因此,学校可以成立专门的心理社团或由学生组成的心理队伍,充分发挥朋辈影响作用,积极配合老师开展各种文化活动,积极发动学生参与学校组织的各种活动。

(四)高职生心理健康教育文化模式建构的程序

关于高职生心理健康教育的文化模式的建构,主要包括物质文化建设、制度文化建设、精神文化建设,其中物质文化建设从校园环境和教学设施的角度进行研究,精神文化建设从理念渗透和活动渗透的角度研究。

1. 物质文化建设

校园物质文化是人们通过感觉器官可以感受到的一切物质对象的总和。高职院校校园物质文化建设主要包含校园环境、校园设施两方面。根据高职生的特点,打造适合高职院校学生发展的内外环境,包括校园建筑的改造、校园人文环境的布置、校园设施的新增等。

2. 制度文化建设

没有规矩不成方圆,校园制度建设是校园文化的重要组成部分。先进的校园制度会对师生人格的发展产生不可磨灭的影响。结合职业学校学生自身发展特点,积极建构和谐的校园制度:教学管理制度、日常生活管理制度、环境管理制度等。

3. 精神文化建设

校园精神文化是校园文化的内在表现形式,它是全体师生在学校发展过程中积淀而来的文化传统、价值体系和精神氛围。校园精神文化建设主要包括艺术文化活动和心理文化活动,其中艺术活动主要包括社团、主题教育、品牌活动;心理文化活动主要包括团体心理辅导、心理健康调查、心理课程的开设和心理知识普及。

(五)高职生心理健康教育文化模式建构的评价

任何一种模式的建构都离不开一定的评价标准,健全的机制往往更有利于保证模式建构的效果,高职生心理健康教育文化模式建构采用如下评价方法和标准。

1. 评价方法

为了更好地了解心理健康教育文化模式的效果,学校可以采用访谈和问卷调查的方法进行相应的效果评价。一方面在全校各个年级抽取相应的学生进行访谈,了解学生对校园文化建设的满意度以及反馈意见;另一方面,自编关于校园文化建设的问卷或采用已有相应常模的问卷,在不同年级进行随机发放,了解反馈效果。

2. 评准

根据心理健康教育文化模式建构的目标和条件,采用两种评价标准。一是全校学生对文化建设的满意度。人本主义心理学倡导以学生为中心,因此,文化建设是否取得了不错的效果首先应该了解学生的满意度。二是文化建设是否促进了学生心理的成长。心理健康教育文化模式建构的宗旨是希望通过积极环境建设影响学生的心理,促进高职生的人格完善,因此,是否有利于高职生心理的发展也是一个重要的评价标准。

四、建构高职生心理健康教育的服务模式

对于心理健康教育在学校的各个部门中的作用进行分析,并且在心理健康教育服务模式特点的基础上。

(一)课程实施与学科渗透

在构建心理健康教育服务体系的过程中,学校应重点关注学

生的课程设置。为了更好地实现这一目标,学校应采取多元化的方式设计心理健康课程,同时加强各学科之间的渗透。这样的措施有助于提高心理健康教育的质量,从而更好地满足学生的需求。

1. 以生活化的视角规划心理健康课程

为了促进学生的健康成长,学校应开设关于心理修养和心理健康等相关课程。通过这些课程的教学,学生可以全面了解心理健康的基本知识,并掌握提升心理素质的有效方法和途径。同时,这些课程还能提高学生的适应能力,使他们在面对生活中的各种问题和困惑时,能够从实际出发,找到合适的解决方法。

2. 心理健康教育的学科渗透

在学校教学中,各学科都蕴含着丰富的心理健康教育资源。正确的价值观和人生观的形成,得益于先进教育理念的引导。科学且系统的学科教育对于学生知识体系的构建和发展具有积极促进作用。为了更好地实现这一目标,教师在教学内容上应该深入挖掘各学科所蕴含的心理健康教育资源,并结合教学内容进行有效整合。通过这种方式,可以激发学生的学习积极性,从而提高他们的心理发展水平。总之,学校应充分利用各学科的心理健康教育资源,助力学生全面成长。

(二) 支持性的高职院校氛围

创建良好的心理健康教育院校氛围有着一定的重要性,使其在院校氛围中潜移默化地影响着学生。

1. 形成保障师生参与的制度氛围

由于高职院校自身的资源的局限性,教师需要对全院校的资源进行全方位的整合和利用,实行全员参与的心理健康教育模式。而心理健康教育模式强调学校要从上至下地树立为提高学生心理素质的服务的理念,教师保证在教育教学的环节服务于学生,创造教师和学生全体人员共同参与的一种氛围。这就需要院校建立一套有效的机制以保证心理健康教育服务系统顺利运行。

2. 营造良好的学校环境氛围

院校是学生集体生活的大环境,营造一种良好的学校环境氛围,对于学生心理健康教育有着润物细无声的影响,利用学校广播、校刊、橱窗、板报、电视等宣传媒体将心理健康教育无处不在地宣传出去。通过多种形式开展心理健康教育营造一种良好的校园环境,促进学生心理健康教育的建设。

3. 在课堂内外营造良好的心理环境

在院校中建立良好的心理健康教育模式,师生的关系是尤为重要的,教师应营造一种轻松、民主的教育氛围。教师应在课堂上开展各式各样的课堂活动,强调学生的主体地位,创设学生乐于探索、积极参与的课堂模式,并保证课堂上的轻松、活跃的气氛。在课外,教师应和学生如朋友般相处。

4. 提供支持性的问题解决平台

在学校中,应专门开设一间教室或者一间办公室作为小型的心理咨询室,可以让学生在遇到问题和困惑时,能够寻找到解决办法。

(三)建立以高职院校为核心的服务保障系统

心理健康教育的服务系统是由家庭、社会以及学校所组建的。

三者中学校的比重占得比较大,是系统核心。

1. 建立健全危机干预系统

所谓的心理危机是当人们认识到某一困难超过自己支持资源和能力,且使用常规的办法不能解决问题时而表现出来的一些反常行为。危机干预系统就是帮助处于危机中的学生认识并被扭曲的情绪、行为。可以建立多方位、多途径的心理危机预防和干预系统,上至校长,中至任课教师、心理健康老师,下至宿舍管理员,实行心理危机学生月报、来访学生心理信息反馈等制度,从而有效地发现学生的心理问题。还要在日常教学和生活上,建立学生动态的心理档案,形成教师、校长、同伴、家长以及专业人士一体的机制,预防心理危机的进一步恶化。

2. 建立平等沟通和交流的家校合作服务平台

在促进学生健康成长的过程中,家长作为孩子的监护人,扮演着重要的角色,有着不可或缺的作用。如:可以通过开放家长日等措施让家长了解学生在校的心理动态;学校要与家长建立有效的沟通平台,使家长可以及时了解孩子的心理动态;还可以鼓励家长向学校的心理健康教育工作提出宝贵可行的建议和改善措施,或者请专业人士为家长讲解心理健康教育的重要性,了解其知识,一起促进学生的心理健康。定期做问卷调查,得到家长的反馈,及时地根据反馈调整服务方向。

3. 联合社会的力量

作为影响学生心理健康及其发展的重要因素之一,社会力量在构建新型院校心理健康教育服务模式中扮演着关键角色。学校需要整合来自社会和政府的各种资源,协助家长和学校打造一个全新的社会心理健康援助机构,构建一个高职学生心理健康教育的系统性平台。高职生心理健康教育是一项需要学生、社会、家长和教师等多方共同参与配合的工作。因此,在组织和实施过程中会面临一定的挑战。为了顺利推进高职生心理健康教育工作,首先需要各方人员的积极配合和其他人员的支持,为高职生心理健康教育工作奠定坚实的基础。

目前,我国的心理健康教育模式相对单一,其效果有限。因此,有必要推动多元化服务模式的发展。伴随着社会科技的进步和教育研究的不断发展,学校应主动组织家庭、学校、社会等各方力量,加强高职生心理健康教育体系的建设。针对学生心理的新型高职生心理健康教育模式仍在完善中,希望高职院校能够从实际出发,让这种新型模式得到更好的发展和完善。

第三节　高职生心理健康教育文化模式的实施策略

建构职业学校心理健康教育文化模式,建设符合高职院校要求的校园文化,必须充分考虑职业学校的自身特点,并顺应时代发展的需要,从物质文化、制度文化和精神文化三个层面入手,打破传统模式的单一粗放、内涵缺失、理念淡薄、层次不高的缺点,积极建构优质的物质文化,合理的制度文化以及深刻的精神文化。

一、建构优质的高职院校物质文化

在学校物质文化建设中,职业学校根据自身特色,做好规划,努力创造一个和谐优美的物质文化环境。

(一)建筑规划讲究个性特色

建筑设计和规划是校园物质环境建设的一个重要方面。有研究表明,单调的建筑设计往往容易使学生缺乏创造力,不合理的建筑规划更容易让学生产生压抑感。学生每天穿梭于不同的建筑中学习和生活,若校园建筑的布局缺乏科学性,不仅无法增强学生的文化认同感以及审美意识,还会影响学生心理的发展。

(二)环境布置彰显艺术特色

校园自然环境是学校物质建设的潜在因素,优越的校园自然环境对校园内师生的心灵都有很好的陶冶作用。学生长期处于单调的校园环境中更容易产生焦虑、紧张等心理问题,单调的校园环境往往无法更好地激发学生的审美感和创新意识。高职生经常需要技能训练,这些高强度的训练往往容易导致学生生理和心理的疲劳,影响训练水平,因此,积极构建适合高职生发展的人文自然环境,可以更好地缓解学生的疲劳、陶冶师生的情操。

(三)教学设施突出职业特色

教学设施是学校硬件建设的成果,集中体现了学校的办学水平和实力。职业学校教学设施和训练场地的好坏往往关系着高职生在校的学习质量和将来对就业环境的熟悉程度。完善的教学设施不仅能提升课堂效率,更能激发学生的学习动机,促进良好职业心理的养成。

二、打造合理的高职院校制度文化

在学校制度文化建设的过程中,要根据全校师生的实际需求和学校近期发展的情况,制定科学合理的制度,这样才能符合学生发展的需要,从而促进学生的更好发展。

(一)坚持制度的人性化

职业学校制度文化建设要倡导"以学生为本"的理念,各项规章制度和管理条例,应当维护学生的合法权益,这不仅符合罗杰斯人本主义的教育理念,更重要的是,青春期是每个学生心理发展和人格塑造的重要时期,而高职生相比普通高中学生,往往存在更多的心理和行为问题。因此,在制度文化建设中,应体现包容性,处处渗透人文关怀,一方面能为高职生的成长提供宽松的环境,另一方面,让高职生感到被重视,增强自信心,有利于高职生人格的塑造和心理的健康成长。

(二)提升制度的执行力

班杜拉在其观察学习理论中强调了榜样示范的作用,良好的榜样对学生心理的发展有积极的影响作用。作为高职生,学校的一言一行,对其心理的发展有着潜移默化的作用。如果学校制度执行力较低,做事拖拉,或经常不能按规章制度办事,那么必然会影响学生将来的制度执行力,导致其不良行为习惯,影响心理健康的发展。

(三)体现制度的职业性

相比普通高校而言,高职生未来的发展趋势较明显,基本以就业为导向。因此,学校制定相关制度的时候,应该多考虑自己学校专业的特点,多创造一些有利于本校学生获得专业实践和发展机会,多举办一些职业类的校园文化活动,一方面能为学生将来的职业发展提供平台,另一方面让学生有更多的锻炼机会,可以更好地磨炼学生的心理品质,减轻正式踏入工作岗位时可能产生的焦虑情绪,增强自我效能感。

三、创建深刻的高职院校精神文化

精神文化建设主要通过活动渗透的方式展开,一般而言,一所学校文化活动开展得好坏对学生心理的发展有很大的影响作用,优质校园文化活动的开展不仅可以陶冶情操、发挥个体的潜能,更能提升学生的心理品质。高职生校园文化活动主要包括艺术文化活动和心理文化活动。

(一)积极开展各种校园艺术文化活动

精心组织社团活动。社团是高职生课外活动的重要基地,学生通过社团不仅能获得充分的人际交往,锻炼自己的能力,更能磨炼自身品质,挖掘自身潜能。职业学校在进行社团建设的同时,一方面,可以把社团纳入学分制,让每一个学生都参加到社团活动中来,通过这样的方式,促进人际交往;另一方面,坚持学生自主创建、教师指导的原则,调动学生的积极性和主动性,激发学生的创造力,通过教师的适当指导,保证社团活动的有效性和针对性,从而促进社团中每个学生的成长。

积极开展主题教育。主题教育是学校教育的一个重要契机和平台,通过有针对性的主题教育,可以加深学生对某一主题的深刻认识,提升学生的心理品质。职业学校在开展主题教育活动的时候,一方面,要注重主题的新颖度,只有贴近学生生活的主题才能更受学生欢迎,学生在参与这些活动的时候往往动机更强,有利于培养积极品质,塑造健康的人格;另一方面,要注重学生自主体验,说一百次不如做一次,只有学生体验过的活动,才能印象更深刻,学生通过自我体验的方法,可以更好地塑造自身品格,提升自我心理素质。

以创新、创意理念为引领,打造品牌活动。品牌活动是每个职业学校的特色活动,也是最有影响力的活动。通过品牌活动的开展,一方面可以提升学生的专业技能水平,锻炼学生的能力,如独立思考的能力、团队协作的能力;另一方面可以通过不同类型的品牌活动,培养学生的积极情绪,增强自我效能感,形成正确的自我认识。

(二)积极开展各种校园心理文化活动

学校把心理健康教育活动作为校园活动的一个重要方面,把心理文化的营造作为学校文化建设的一个重要方向,根据高职生不同年龄阶段的特点,开展有针对性的心理健康教育活动,旨在构建一种积极向上的心理文化氛围,促进学生的心理健康和人格的完善。

个性心理测试。心理调查是了解学生心理发展状况最直接也最客观的一个方法,可以根据不同年龄的特点,开展相应的心理健康调查工作。一方面可以建立学生的心理档案,了解学生的心理发展状况,及时发现心理有问题的学生,做到及时发现,及时反馈,及时治疗;另一方面,通过职业类心理测试,如霍兰德职业兴趣量表,让学生更好地了解自己的职业兴趣、职业性格,为将来的就业发展做指导。

团体心理辅导。团体心理辅导是学校心理工作的一个重要方面,通过体验式互动的方式,让学生在人际互动中有所收获,进而达到改善学生心理,促进其身心发展的目的。高职生团体辅导可以从以下几方面开展,根据前期心理健康调查的结果,学校心理工作室筛选出相应的学生,开展团体心理辅导工作。通过这样的方式,一方面可以有针对性地选择个体,另一方面,让学生能有一个充分体验和受训的时间,在团辅结束后,可以再进行相应的心理测试,从而了解整个团辅的效果。另外,由于当代的高职院校大多是独生子女,并且又处于青春期阶段,可能更加自我,情绪情感不稳定,人际关系不和谐,所以有针对性地开展适合学生成长需要的团体心理辅导工作,做到有的放矢,更有利于促进高职生心理的成长。

开设心理课程。要在学校营造良好的心理氛围,让更多学生了解心理、参与到心理活动中来,心理课程的开设无疑是一个非常好的平台。目前,很多高职院校也开设了心理健康课程,但以心理讲座或心理选修课的形式展开,虽然受众面广,但持续性效果并不明显,许多学生往往当时很受启发,但之后又回到了原样。另外,许多高职院校的心理健康课程针对性并不强,往往难以体现职业学校的特色。因此,要根据不同年级学生发展的特点,各学校选定专门的心理,开设长期的心理健康教育课程,让学生感受到心理健康教育的重要性。心理老师在选用教材或编写教案的时候,要充分考虑本校学生发展的特点,在上课前先了解学生发展状况以及学生的关注点,并结合学校的办学理念、职业方向,有针对性地设定心理健康课程。

心理知识的普及。心理学对于学生而言是一门既陌生又神奇的学科,许多学生听到"心理"这个词,都觉得很神奇,但同时也会有些忧虑,担心是不是有心理问题的人才要上心理类课程。因此,要在高职院校构建一种心理健康的氛围,必须大力普及心理知识,让学生了解心理学,走近心理学。例如,积极开展心理类讲座,利用校园广播进行心理知识的宣传,开展心理知识竞赛等。

四、优化育人途径

一是优化课堂教学中的心理结构。为了增强教学效果,我们需要关注优化教学活动中的人际关系,特别是师生关系。为此,要为学生创造一个有助于全面开展心理活动的环境,从而确立学生的学习主体地位并调动他们的积极性。通过这种方式,学生可以养成良好的"乐学"心理素质。同时,我们需要将教学活动从单纯的认知活动转向全面心理活动的轨道。为此,我们可以引入情感和个性品质因素,并注重培养学生的自我意识,使他们能自主、独立、创造性地参与学习,从而养成良好的"善学"品质。在教学活动中,我们需要实现学生心理活动的三个转化。首先,将人类社会学积累的科学文化知识转化为个体知识;其次,将凝聚于知识之中的人类心理活动方式转化为个体的心理素质;最后,将蕴含于知识之中的社会道德观念、价值观念转化为个体的价值观和品德。通过这种方式,学生可以发展自己的整体素质,最终实现"优学"的目的。

二是开展心理辅导,优化学生心理素质。学校心理辅导主要以预防为主、治疗为辅,使学生形成健康的心理品质,要做到以下四个优化。第一,认知优化。心理辅导是优化学生获得信息,加工信息以及对周围环境做出反应的过程,认知结构中的异常现象,促进认知结构各要素间的关系互相协调发展。第二,情感优化。情感是人对客观事物的态度的各种反应,是客观现实是否符合自己的需要而产生的体验。心理辅导要调节学生的情感需要,使其避免情绪的大起大落。第三,意志优化。心理辅导协助学生克服内部障碍,提高意志行为水平,使学生不为偶发的诱因所驱动,养成坚强、自制的意志品质。第四,情操优化。心理辅导要帮助学生树立正确的理想和追求,养成良好的道德品质、良好的行为习惯。

三是开展德育活动,优化学生心理素质。德育是加强学生心理素质教育的重要途径,要用社会主义核心价值观去引导学生,发挥教师的指导作用、榜样作用、强化作用,帮助学生养成正确的价值观、高尚的审美情操、坚强的意志品质、良好的行为习惯。

五、优化育人环境

一要加强校园文化建设，优化校园环境。发展健康的校园文化和创建良好的班级氛围，使学生学习、生活在和谐、团结、协作的良好班集体中。

二要开展家庭心理辅导，优化家庭环境。介绍行之有效的解决典型家教方法，帮助家长做好诸如改进与子女的沟通、树立正确的教养观念、营造良好的家庭氛围等工作。同时，对特殊家庭进行分类辅导。学校要重视来自离异家庭、单亲家庭、寄养家庭等学生的心理辅导。要按照叶圣陶先生指出的那样："家庭教育比学校教育更重要，父母的言行，偶一不慎，即生弊病。"所以，作为学生家长，在家庭教育中，切莫忽视对孩子心理的辅导。

三要创设条件，优化社会环境。学校要与所在地社区的委员会，加强联系，紧密配合，消除一些对青少年健康成长不利的因素，创造一个良好的文化环境。引导学生参观访问，主动参与社区建设，让学生正确地了解社会，有主见地适应社会的发展变化。

第五章 高职生心理健康教育家校合作模式的创新与实践

第一节 高职生心理健康教育家校合作模式概述

一、高职生心理健康教育家校合作模式的基本内涵

心理健康教育家校合作旨在帮助学生解决成长过程中的心理问题,并促进他们的心理素质提升和心理健康发展。在这个过程中,家庭和学校虽然都以推动高职生心理发展为目标,但在教育环境、内容和方法等方面存在显著差异,甚至可能产生对立。为了应对这一挑战,有学者提出了高职生心理健康教育家校合作模式。这一模式试图通过家庭教育和学校教育的互动,实现双方的优势互补和自我优化。在一定程度的竞争中,寻求双方的沟通协作与共存共赢,因此,要理解高职生心理健康教育家校合作模式,关键在于把握"合作"这两个字。通过家庭和学校的共同努力,为学生提供更全面、更有效的心理健康教育支持,从而实现他们的健康成长。

合作是家庭和学校在平等的基础上,通过家校双方的联系、沟

通、协调等一系列活动环节实现的。第一,在心理健康教育活动中,家庭和学校的地位是平等的,双方应该视彼此为教育过程中的伙伴,这是合作的前提。第二,家庭和学校需要通过各种渠道发生直接的联系,这是合作的开始。第三,家庭和学校需要针对心理健康教育过程中的问题进行沟通和探讨,双方能够自由地表达自己的观点、看法,这是合作的重要一步。第四,家庭和学校需要在沟通中不断调整自己的教育理念和教育方法,使双方在一些具体问题上达成共识,在教育活动中协调一致。只有这样,家庭和学校才能在心理健康教育的过程中步调一致,形成教育合力,真正实现高职生心理健康教育家校合作。作为一个教育整体的高职生心理健康教育家校合作,具有以下几个方面的含义。

(一)家校合作意味着双方教育优势的互补

家庭和学校是两个截然不同的育人环境,有着各自的优势。学校教育在科学性、系统性、专业性上强于家庭教育,但家庭教育具有亲和性、即时性、恒常性特点,这决定了它具有其他教育形式不可替代的优势。家校合作,意味着家庭和学校可以在相互沟通、交流、学习的过程中,互通有无,借助对方的优势,弥补自身的不足,形成心理健康教育优势的互补。

(二)家校合作意味着双方教育责任的共担

心理健康教育是一项需要高度责任感和使命感的活动,家庭和学校是承担这一责任的共同主体。虽然在家校合作开展心理健康教育的过程中,家庭和学校承担的具体任务有所差异,但是二者的责任是对等的。家校合作开展高职生心理健康教育的过程,就是唤起二者心理健康教育责任意识的过程,就是共同承担教育责任的过程,也是履行各自教育责任的过程。

(三)家校合作意味着双方教育合力的形成

家庭教育和学校教育原本分属于两个不同的教育时空,二者基本上是各自为政、各自为战。家校合作,就是家庭和学校各自的心理健康教育理念、方式、方法等经过碰撞和交锋后,各自反思并寻求共同的立场,互相配合,密切合作,"心往一处想、劲往一处使",形成心理健康教育合力。

二、高职生心理健康教育家校合作模式的基本类型

高职生心理健康教育家校合作本无固定的模式,因各个学校教育理念、教育目标、教育条件等的不同而有所差异。为方便论述,从联系和实施两个角度对高职生心理健康教育家校合作模式进行分类。

(一)高职生心理健康教育家校合作的联系模式

健全家校联系途径,探索有效的联系模式是家校合作开展高职生心理健康教育的前提。联系模式主要包括以下三种。

1. 基于常规活动的联系

常规活动的联系模式包括家访、家长来访以及家长会等。这一模式有助于全面了解高职生校内外的行为表现和心理动态,把

握学生的个性心理特征,同时在一定程度上改变部分家长在心理健康教育过程中对学校过分依赖心态。但对教师而言,由于涉及的学生面广,工作费时费力,需要付出较多的时间和精力。

2. 基于专题研究的联系

该模式是指教师就心理健康教育实践中的某一问题开展问卷调查,进行定性或定量的研究分析。在此过程中,教师与家长及时有效地互通信息,有针对性地与家长共同研究有效的教育方式。该模式能在确保一定科学性的前提下调动家长参与心理健康教育的积极性,培养家长参与心理健康教育的意识和责任。由于研究型的家校联系模式针对性强,处理问题及时,因而效果比较明显,也有助于提高教师的心理健康教育科研能力。

3. 基于特定群体的联系

该模式是就某一特定类型的高职生群体,教师与家长共同探讨教育方法,进行针对性的心理健康教育的一种模式。比如,针对具有某一文体特长的高职生群体、面临升学或求职的高职生群体等,教师与这部分学生的家长一起协商讨论家庭教育的方式和方法,为这部分学生的发展创造条件。通过以上联系模式,教师和家长经过不断地沟通和反馈,密切了彼此之间的关系,加强了彼此之间的互信,在教育理念、教育方法上彼此分享,这些都将有助于家庭和学校教育合力的形成,共同促进高职生的心理发展。

(二)高职生心理健康教育家校合作的实施模式

实施模式重在整合学校与家庭的教育力量,把家庭心理健康教育看作学校心理健康教育的一个重要组成部分,增强心理健康教育的实效。

1. "以校为本"的模式

该模式从学校心理健康教育改革与发展的需要出发,根据学校自身的实际情况和学生共性的心理特点,在学校开展心理健康教育活动的过程中联合家庭一同参与的一种模式。该模式旨在发挥学校心理健康教育在科学性、系统性、专业性方面的优势,同时兼顾家庭对学校心理健康教育的支持作用,以弥补学校心理健康教育的不足。

2. "以家为本"的模式

该模式以家庭为中心,由学校根据家庭的具体情况,通过各种形式的指导和培训,促使家长改善家庭育人环境,提高家庭心理健康教育质量的一种模式。该模式的重点是学校通过多种形式的活动培养家长心理健康教育的意识,学习心理健康教育的知识和简单技能,充分发挥家庭心理健康教育的优势,学校在家庭开展心理健康教育的过程中给予充分支持。

3. "以生为本"的模式

理论上讲,任何一种高职生心理健康教育家校合作模式都要以高职生作为根本出发点,围绕高职生的心理发展来实施。但"以生为本"的模式主要强调的是根据每一个学生不同的个性心理特征和心理需要,帮助家长在了解自己子女独特性的基础上,与家长共同探讨有效的教育措施,以达到发展学生个性的目的。

家校合作开展高职生心理健康教育的模式很多,理论上讲只要是对学生的心理发展有益的模式都可以在实践中探索运用。另外,不同的心理健康教育模式往往是予以一定的理念结合某些具体的情境逐步提炼而成的,因而对模式的选择不宜机械照搬,要结合学校和家庭的实际,在运用中不断创新模式、超越模式。

三、家校合作模式的基本特点和优势

学校教育与家庭教育作为高职生健康成长过程之中的两大影响要素,为能实现高职生心理健康成长,切实发挥家校合作的作用与价值,就需要有效把握学校教育和家庭教育之间的内在联系。

(一)目标同向性

关于高职生的培养与发展目标方面,学校和高职生家长的期望是基本相同的,由此表明高职生的心理健康成长和成才是一致的、同向的。在高职生成才、成长目标方面体现的同向性,为家校合作模式的实行创造了有利条件。

(二)时空延续性

从整个教育方面分析,家庭教育发挥着关键性作用,而且贯穿高职生成长与成才的所有环节。学校是高职生心理健康教育的基本场所,然而一些高职生的生活是在学校以外的环境中度过的,若是这一段时间缺失家庭教育,那么学校教育就有可能沦为一空。所以,学校教育与家庭教育在高职生成才、成长方面的目标有着一致性,而且教育的具体过程也是互相伴随的。

（三）优势互补性

关于高职生教育的培养,学校教育与家庭教育各有优势,然而也各自存在着一些弊端。从学校教育角度分析,其教育活动计划性、内容系统性、方法科学性等优势,是家庭教育无法比拟的,但是学校教育也并非十全十美,受学校教育正规化与制度化的影响,高职生教育工作容易模式化,特别是近些年高校招生的持续扩张,辅导员需要承担繁重的工作压力,加之精力和时间比较有限,就无法保证人才培养质量。而从家庭教育方面分析,长期的共同生活以及亲子关系,为家庭教育赋予了针对性。因为子女在物质方面与精神方面对父母有着依赖性,所以家庭教育也享有一定权威性。同时,家庭教育属于一种极具灵活性的教育方式,基本上不会受任何要素的影响。然而,事实上,一些家长不是教育理论有所缺失,就是教育方法有失妥当。比如,一些家长溺爱子女,一些家长教育方法粗暴。由此,不仅不能充分发挥家庭教育的优势,而且会削弱学校教育的作用。因此,加强学校与家庭的协调与合作,实现双方优势互补,是增强心理健康教育实效性的可靠保证。

第二节　高职生心理健康教育家校合作
模式的科学建构

开展系统的高职生心理健康教育家校合作,需要以一定的心理健康教育模式为依托。模式的建构,既要根植于教育现状,又要有一定科学理论做指导。

一、高职生心理健康教育家校合作的现状

总的来看,当前高职生心理健康教育家校合作大多尚处于尝试摸索的阶段,家庭与学校在心理健康教育方面的互动层次较低、形式单一、缺乏规划,暴露出诸多的问题亟待解决。

(一)家校缺乏互信,合作基础不佳

家庭和学校双方的互信是家校合作开展高职生心理健康教育的前提。但是一些家长心理健康教育的意识淡薄,甚至对心理健康教育存在偏见。对部分家长来讲,他们主要关心的是子女的职业技能发展和就业问题、学业进步和升学深造问题,而对学校开展心理健康教育不理解、不支持。并且,他们自觉心理健康教育专业性太强,自身不具备相关的知识,因而认为开展心理健康教育是学校应该主动承担的责任,联合家长开展心理健康教育是学校推卸责任、无能的表现。从学校方面来看,一些教师认为家长受教育程度参差不齐,教育理念千差万别,并且对子女进行心理健康教育的意识薄弱、技能缺乏,与家长探讨心理健康教育无疑是"对牛弹琴""自讨苦吃",从而在心理健康教育家校合作上产生了畏惧、畏难情绪,不愿意与家长在这方面进行合作。带着这种对立态度的家长和教师,缺乏合作中必要的互信,很难真正建立良好的合作关系。

(二)教育理念滞后,合作内容狭隘

学校心理健康教育理念在很大程度上决定了家校合作的内

容。部分学校自身的心理健康教育理念比较落后,固守着"问题解决式"的心理健康教育,体现在家校合作中,往往是等到学生出了严重的心理或行为问题,教师才想起家长、家教,缺乏必要的基于学生心理发展的常规联系和常规活动。这不仅导致家校合作只集中在少数问题学生身上,造成家校合作内容狭隘,还容易造成一旦问题得到缓解,合作就不再继续下去的局面。

(三)组织不力,缺乏计划

完善活动计划是达成家校合作目标的基本保证。系统、周密、科学和具体的活动计划不仅是活动开展的指南,而且能促进活动的顺利进行。然而,目前大多数家校活动在开展前缺乏针对合作内容的细致准备,也未就活动中可能出现的状况做缜密的推敲,甚至对活动结果的预测也只是想当然,使得整个合作过程常常处于放任随意的状态之中。这种准备不足、组织不力的家校活动,不但收到的效果微乎其微,还会极大地挫伤教师和家长对家校合作的积极性,影响家校合作的连续性、长期性。

(四)单向灌输多,互动交流少

家校合作是一个双向互动的过程,是家长和教师相互了解、相互配合、相互支持的过程。然而,在具体家校合作活动中,一些学校将单向的知识传输作为主要的甚至唯一的形式。如许多教师为帮助家长树立正确的心理健康教育观念,把一些心理健康教育的知识发到家长手机上,或者把家长会仅仅当成对家长的教育。由于缺乏必要的沟通与交流,这些内容的针对性和实用性不强,加上缺乏深入浅出的举例说明,很难被家长真正接受并内化为自觉教育理念和教育行动。

问题在向人们昭示着高职生心理健康教育家校合作不足与缺陷的同时,实际上也意味着这项工作大有可为。科学建构高职生心理健康教育家校合作模式,是开展这项工作的必由之路。

二、高职生心理健康教育家校合作模式的理论建构

建构科学的高职生心理健康教育家校合作模式,把握教育的科学性,增强家长的积极性,确保模式的针对性。完整的高职生心理健康教育家校合作模式主要包括理念、目标、条件、程序和评价等五个方面。

(一)高职生心理健康教育家校合作模式的基本理念

明确高职生心理健康教育家校合作模式的基本理念是科学建构该模式的首要前提。心理健康教育理念是对全部心理健康教育实践的凝练和总结,又是在此基础上进行的提升与超越,它反映了心理健康教育的应然走向,表达了教育者的教育理想和教育信念。首先应当明确,人永远是心理健康教育的核心旨趣,实现人本身的价值是心理健康教育永恒的价值追求。通过家庭心理健康教育与学校心理健康教育的合力,使高职生成长为既适应于社会发展的人,又充分自我实现的人,亦即社会价值和个人价值和谐发展的人,这应该是高职生心理健康教育家校合作本真的追求。其次,人的心理发展是多方面因素综合作用的结果,忽视任何一种因素都会造成人心理发展的不平衡。家校合作开展心理健康教育,就是

要将家庭和学校这两种对高职生心理发展影响最大的力量紧密联系到一起,通过二者的相互沟通相互协作,最终实现"1+1>2"的教育合力,推动高职生心理的和谐发展。

(二)高职生心理健康教育家校合作模式的主要目标

明确的目标是高职生心理健康教育家校合作模式的核心要素,所有的教育活动都是围绕着一定的教育目标来开展的,具有指向性的作用。高职生心理健康教育家校合作模式的目标主要包括以下几个方面:一是提升学校心理健康教育的针对性和实效性。家校合作就是要让教师在和家长的互动中,全面地了解高职生各方面的心理特征,及时掌握高职生的心理动态,从而增强学校心理健康教育的针对性和实效性。二是提升家庭心理健康教育的质量。学校要通过各种家校合作活动的开展,增强家长关于家庭心理健康教育的意识,强化家长家庭心理健康教育的责任感,为家长提供必要的心理健康教育知识和技能,帮助家长改善家庭育人环境,从而提高家庭心理健康教育的质量。三是要推动高职生心理的全面发展,和谐发展。这也是该模式最重要的目标。高职生心理的全面发展,就是要使高职生心理的各个方面,包括知、情、意、行等全部能够发展,并最大化地发展;高职生心理的和谐发展,就是要让高职生心理的各个方面协调发展。

(三)高职生心理健康教育家校合作模式的主要条件

高职生心理健康教育家校合作的顺利开展离不开各方面条件的支持,其中比较重要的包括:①组织保障。组织保障是为了确保高职生心理健康教育家校合作的规范性和连续性。如成立专门的高职生心理健康教育家校合作委员会或工作领导小组,由教师和家长共同组成。②制度保障。制度保障有利于形成规范的工作程序,确保工作的条理性,同时对家长和教师的教育行为起到激励和约束的作用。③师资保障。高职生心理健康教育家校合作对教师提出了更高的要求,需要教师既要有家校合作的热情,又要具备较高的专业水平。这就要求对教师进行专门的培训,强化教师的合作理念,提升合作能力,提高开展心理健康教育的业务素质。④物质保障。家校合作的顺利开展离不开必要的物质基础和经费投入。学校可以发挥家长的资源优势,寻求社会的支持,为家校合作活动的开展提供必要的物质保障。

(四)高职生心理健康教育家校合作模式的实施程序

高职生心理健康教育家校合作的顺利开展,需要一系列系统的规划。第一,成立专门的教育组织,如高职生心理健康教育家校合作委员会或工作领导小组,由教师和家长共同组成。有条件的学校可以聘请专家顾问来指导。第二,制定基本的规章制度,包括组织的组成方式、领导的职责、家长与教师的基本权利和义务等。第三,编写整体规划,制订教育计划。整体规划包括大的模块的建设;教育计划包括总的教育目标的设定、具体的活动次数、可以采取的活动方式,等等,可以以学期为周期制订,内容较为宏观。第四,根据教育计划设计具体的活动方案,内容要详细具体,包括具体的活动目的、参与的人员组成、活动的具体形式、活动的步骤、需要的物质条件、对可能出现的意外的应对等,要详细具体。第五,组织开展活动,落实活动方案。第六,对活动效果进行评估。在开展高职生心理健康教育家校合作的全部过程中,家长和教师都要全程参与、充分沟通,体现合作精神。

(五)高职生心理健康教育家校合作模式的评价策略

教育评价对教育活动的开展具有指挥棒的作用。但高职生心理健康教育家校合作模式尚处于探索之中,涉及诸多因素,面临诸多困难,基于该模式的教育评价尚处于建设之中,因此不管建立何种评价体系,首先要澄清几个问题。一是基于心理健康教育的特点,对高职生心理健康教育家校合作的评价要有别于基础教育领域家校合作的评价。二是高职生心理健康教育家校合作的评价要有别于一般心理健康教育家校合作的评价,要体现职业学校职业教育的特色。三是要对家长进行评价。既然是家校合作,那么家长和教师都要承担一定的职责,要将家长纳入评价体系中来。应该说,如果能将理念、目标、条件、程序、评价等因素精心设计,协调完善,必将有助于增强高职生心理健康教育家校合作模式的系统性,使该模式在教育实践中发挥应有的作用。

三、家校合作心理健康教育的措施推进

(一)对家长进行集中指导,推进流程

首先,校方要让家长明白在心理健康教育中开展家校合作的目的,从理念上让家长接受这种合作教育方式,共同发挥双方力量,校方要直接指出该种合作模式对学生未来发展和人格培养的

重要意义,最好通过研讨交流的方式去了解学生的具体情况,从而制订下一步教学计划,也让家长在潜移默化中形成家校合作的重要理念;其次,学校要让家长了解具体的合作形式,鼓励家长多与孩子沟通交流,在交流的过程中适当地鼓励和表扬孩子,让他们在积极正向的氛围中成长;最后,就是与家长沟通选择最合适的亲子活动方式,通过活动培养学生的集体荣誉感并丰富自身情感。

(二)了解学生家庭状况和家长需要

学校在开展家校合作的模式之前,一定要仔细了解每个学生的家庭状况,询问学生在日常生活中是否会因为家庭原因耽误学习等,还要照顾到学生的自尊,因为有些学生会因自己的家境不好产生自卑心理,教师一定要及时了解并做疏导。同时,校方还要了解家长的实际需要,在家校合作中是否存在疑问或者顾虑,最希望校方在家校合作中针对哪些方面和自己沟通等,这些都可以很有效地推动家校合作的顺利开展。

(三)强化心理健康教育的师资力量,提高共同参与度

首先,学校应高度重视学生心理健康教育,全面了解培养学生健全人格和健康心理的重要性。为此,学校需要不断加强心理健康教育的师资力量,关注专业人员的能力培养。同时,积极借鉴其他院校的成功经验,对专业教师进行针对性培训,提高他们的教育教学水平。此外,教师需要熟练掌握亲子活动的正确组织方式,以更贴近家长和学生的实际情况,提高家校合作中培养学生心理健

康的参与度。同时,教师要学会与家长进行有效沟通,以提高家校合作的效率,确保心理健康教育目标的实现。通过以上措施,学校和家长可以共同努力,为学生提供更好的心理健康教育支持,促进学生全面和谐发展。

(四)利用互联网建立起家校合作的沟通平台

新时期开展家校合作的教育模式,可以借助互联网平台践行。首先,校方可以选择实用性比较强的学习软件,以该软件为连接家长和学校的媒介,在心理健康教育中有需要或者有问题可以直接通过软件聊天分享,这种方式使得家校合作的模式更加便捷,教师与家长的沟通不需要第三方的传递。其次,学校还可以借助互联网建立起心理咨询和沟通平台,家长、校方、学生分别设置不同的咨询通道,以便更加直接地了解对方身份从而针对性地解决问题。

第三节　高职生心理健康教育家校合作模式的实施策略

开展高职生心理健康教育家校合作,既要充分利用好已有的家校合作的平台,将心理健康教育的内容有机地渗透到现有的家校合作内容体系中去,使心理健康教育家校合作成为整个家校合作体系发展过程中新的增长点和突破点,又要保持心理健康教育家校合作的相对独立性和完整性,这应该是当下高职生心理健康教育家校合作应该坚持的总原则。高职生心理健康教育家校合作模式的实施策略主要包括以下几个方面。

一、提高认识,营造家校合作氛围

家长与教师能否建立并维持良好的合作关系是开展高职生心理健康教育家校合作的前提条件。因此,采取有效的策略,加强家长与教师的沟通和理解,成为开展高职生心理健康教育家校合作的一项重要任务。营造良好的家校合作氛围,主要有以下策略。

(一)加强制度建设,明确学校和家庭必备的职责与义务

家校合作开展高职生心理健康教育中暴露出的诸多问题,很大程度上缘于缺乏制度的保障,只有加强高职生心理健康教育家校合作相关制度的建设以及相关政策的宣传,明确学校、教师和家庭三者在高职生心理健康教育中的责任和义务,使合作中的各项工作有章可循,才能够从根本上解决当前高职生心理健康教育家校合作缺乏规范性的问题。因此,教育主管部门应该抓紧建设和完善相关规定和相关制度,并将这项工作列入高职院校日常管理工作,使高职生心理健康教育家校合作制度化、规范化、常态化。同时,要加强高职生心理健康教育家校合作相关制度的宣传,明确家庭和学校在合作中各自的责任和义务,避免家长和教师在开展高职生心理健康教育家校合作过程中责任的错位与失位。比如,高职院校可以制定专门的《心理健康教育家校合作制度》,由分管德育工作的学校领导主抓,以专职心理健康教育教师为核心、全体教师为基本力量,明确教师和家长的基本职责,确定心理健康教育的主要内容,并通过家长会、家长学校等途径,在家长中做好相关

宣传工作。

（二）营造合作氛围，为教育活动的开展奠定良好的基础

家校合作开展高职生心理健康教育的重要前提之一是建立良好的合作关系。家长和教师由于教育理念、教育视野、知识背景等方面的差异，处理不当容易影响双方合作关系的形成和维持。这就要求教师和家长要学会彼此尊重，抛弃成见，敞开心扉去彼此倾听，乐于接纳对方的意见或建议，善于反思自己教育理念、教育方法、教育行为。教师要摒弃对家长教育知识、教育能力方面的怀疑，重新认识家长在育人过程中的独特价值，做家长平等的合作伙伴和得力助手，主动接受家长的监督。家长既要避免教育活动中对教师过于依赖、盲目信从的心理，又要防止对教师过度怀疑、全然否定的心态，在家校合作活动中抱着平常心与教师进行交流互动。为了与家长建立良好的合作关系，高职院校可以充分利用自身的网络资源，通过"校信通"搭建学校与家长之间沟通的平台，共同探讨家庭教育的方式、方法以及效果。学校还可以在已有的心理健康网站中开设专栏，将最新的家庭教育理念与方法等陈设在专栏中供家长查阅，让家长分享教子心得，也可以就自己遇到的问题向学校心理健康教师咨询。

二、加强培训，提高家校合作水平

高职生心理健康教育家校合作的效果在很大程度上取决于双方的教育水平。因此，通过有效的途径提高家长和教师的教育素

养,成为亟须解决的问题。

（一）加强教师培训,提高教师合作能力

教师的教育观念和工作方式直接影响着家长参与高职生心理健康教育家校合作的态度和效果。教师不仅要认识到家校合作的重要性,而且要掌握一定的与家长交流沟通、协作对话的技能。加强教师培训,提高教师合作能力,学校责无旁贷。

1. 提升教师的合作意识,服务于家长

教师既要把家长当作心理健康教育中得力的合作伙伴,又要看作自己服务的对象,遇到问题要及时与家长交流,多倾听家长的意见,放下成见,换位思考,让家长感受到教师的诚意,确保双方的交流在信任的基础上顺利进行下去。尤其值得注意的是,部分教师在以往的心理健康教育家校合作中曾有过一些不愉快的经历,对与家长的合作有抵触情绪,学校要帮助这些教师树立起恰当的家校合作信念,增强家校合作的信心,让教师感受到学校的支持。

2. 提升教师的合作能力,服务好家长

提升教师的合作能力,一是要提高教师的沟通技巧水平。首先,与家长沟通的内容应该有所选择,主要包括学生的学习情况、行为习惯、个性和人际交往情况、兴趣爱好、成长经历和家庭背景等方面。其次,要保持足够耐心。受文化水平的制约,有些家长口头表达能力较差,不能集中围绕一个问题来谈自己的看法,时常出现"东拉西扯"的情况,此时教师要有足够的心理准备,帮助家长理清思路,同时在诸多头绪中找到问题的关键点。最后,要体现专

业性。教师要在沟通中让家长清楚自己孩子的优缺点,明确教育的目标,提供教育对策的建议,让家长信心百倍地投入到孩子的教育中去。二是要提升教师的心理健康教育业务素质。心理健康教育家校合作是一项需要全体教师共同参与的活动,因此提高不同学科教师的心理健康教育知识和能力成为一项重要的工作。为此,高职院校可以定期或不定期地邀请专家学者做相关的讲座,对教师进行再教育,提升教师整体在心理健康教育方面的意识和能力。

(二)重视家长培训,提升家长合作能力

家长的心理健康教育意识和水平,是影响家校合作开展高职生心理健康教育成效的关键。学校要发挥自身的主导作用,通过多种形式的培训,提升家长的合作能力。

1. 多渠道地组织不同层次的家庭心理健康教育培训

学校可以依据家长、家庭的不同情况,举办有针对性的活动,如开办家长学校、专题讲座、分享优秀家庭心理健康教育案例、印发资料供家长自学等活动,让家长自主选择适合自己的学习方式。其中,尤其要重视家长学校的建设。开设家长学校,就是要将家长学校作为高职院校常规教育管理的一部分,每学期为家长学校制订专门的教学计划,对家长进行定期培训。特别是为了提升家长培训的系统化水平,可以组织编写诸如《高职生心理健康教育家长手册》之类的材料作为校本培训教材。教材的内容应包括当代高职生的心理特点,家庭教育的重要性及现实中误区,家校合作开展

高职生心理健康教育的重要性等。为了体现针对性,可以将高职生中常见的包括"手机综合征""情绪暴躁""惰性心理""性格孤僻""过度消费""亲子关系不和谐""男女生交往过密""职业理想不明确"等心理行为问题具体呈现出来,以"现状分析""案例再现""为您支招"的形式,对每一个问题进行细致分析,指出问题背后的心理症结,对家庭心理健康教育进行科学引导。

2. 积极带动家长参与学校的心理健康教育家校活动

家长参与学校的心理健康教育活动是家长体验学校心理健康教育,了解学校心理健康教育的一种重要手段,如让家长走进高职生心理健康教育课堂,或者参与高职生心理剧的排练演出等。切实地参与进学校活动,可以增强家长参与家校合作的主人翁意识,还可以就学校教育提出自己的建议,促进学校心理健康教育质量的提高。同时,家长也获得了心理健康教育知识,借以提升自己,改进自己的教育方法,最终实现家校良性互动,促进教育合力的形成。

比如,高职院校可以充分利用"525"心理健康月,邀请家长参与到学校的心理健康教育活动中,通过各种展板,向家长介绍学校心理健康教育工作的开展情况、学生心理健康维护的知识和技巧。班级还可以组织家长参与到学生心理剧的表演中,让学生和家长再现家庭教育的场景,针对问题由家长和学生共同参与讨论,教师在其中对双方进行引导。通过这样的活动,可以加深家长和子女的亲子关系,使家长反思自己的教育理念,并在老师的指导下改进教育方法,可谓一举多得。

三、拓展途径,确保家校合作实效

目前,学校合作的方式种类较多,常用的如家长会及家长开放日活动、打电话沟通、家访、编辑出版心理健康教育报等形式;同时也有基于现代网络平台的合作形式,如利用学校网站开设"家长留言板"、建设班级博客或班级 QQ 群等;正式组织上的合作形式由家长委员会组织开展工作,如家长讲坛等。但保障和增强已有家校合作形式的有效性,拓展新的家校合作方式,仍需要不断摸索。

(一)利用多种合作形式,增强互动

家长会是家校合作中最常使用的合作方式,也是家长比较喜欢的交流方式。一次成功的家长会,会让家长和教师都会觉得很有收获。会前,教师应该与家长委员会成员确定会议主题,并提前通过班级博客、QQ 群等途径告知家长,让家长在会前有所准备。会议不应该只是教师的一言堂,教师要注意发言技巧,在向家长介绍学校活动、高职生的学校表现之后,留给家长一定的提问、探讨的时间,实现真正意义上的交流。会后,教师、家长都应该及时总结和反思,借以更好地改进高职生心理健康教育工作。

网络资源是现代教育中的一笔重要财富,它为家校合作提供了交流平台。班级博客、QQ 群等基于网络平台的家校合作方式是家长经常使用的家校联系方式。较之其他合作方式,网络有其独特的优越性。网络方式不受时间和地域限制,更加灵活,正好可以解决家长、教师工作太忙没有时间沟通的问题。不仅是单独的交流,教师和家长也可以就一些教育中的问题和困惑一起讨论,解决

家庭和学校教育中存在的问题,实现资源共享。

除了利用好家长会、网络平台与家长进行沟通交流外,"家长访校日"活动也是加强家校双方互动的一种有益方式。家长访校就是让家长进一步走进学校,走进课堂,走进实训车间,走进宿舍,走进食堂,近距离了解子女全方位的表现。要让家长明白,在学校这个小社会中,子女俨然是能够处理很多事情的独立个体,因此在家庭生活中也要民主平等地对待孩子,促进亲子关系的发展。

(二)健全家长委员会制度,增强实效

心理健康教育家长委员会是全体家长的"代言人",是在学校领导下,家长直接参与学校心理健康教育的一种组织形式,是对学校心理健康教育的监督和有益补充。学校工作通过该委员会传达给家长,便于家长更全面、更深入地了解学生在校的情况、学校的教育情况,为家长更好地配合和督促学校心理健康教育工作提供便利。促进家长委员会发挥实效性,主要包括以下几点:一是家长委员会和学校管理层协商,明确家长委员会在心理健康教育过程中的职责、权利和义务,制定活动的章程和制度,学校从办公地点、物力以及政策上支持。二是保证家长委员会委员选举的透明性,保证委员代表全体家长的利益,从而更好地服务于家长。三是学校和家长委员会要在家长中做好宣传,让更多的家长找到自己的组织,参与到有计划的高职生心理健康教育家校合作中来。四是家长委员会每学期都制订自己的工作计划,学期末都有总结和汇报,接受学校管理层和教师代表的监督。

总的来看,高职生心理健康教育家校合作还处在探索阶段,在

教育实践过程中面临着许多的问题与困难。但是,只要坚持在教育行动中汲取养分,在实践中不断反思探索,积极创新家校合作开展高职生心理健康教育的举措,保持对家校合作开展心理健康教育的不懈追求,就一定能推动心理健康教育家校合作的发展和完善,更好地服务于高职生心理健康的全面和谐发展。

四、家校合作模式下高职生心理健康教育的具体方法

(一)加大心理健康教育工作者的培训力度,高度重视家校之间的沟通

综合分析与汲取家校合作模式的成功经验,为学校与家庭之间的合作建立专门组织,集中力量研究家校合作的理论与方法。为能进一步深化家庭心理健康教育的工作成果,深挖家庭教育资源,学校应积极举办内容多元化的心理健康教育讲座,宣传最新的教育理念与思想。同时,对高职生的家长实行短期心理健康教育培训。家庭背景文化的不同、经济状况的不同、心理教育文化的不同,不仅会影响家长心理教育行为,也会影响家校合作效果以及高职生心理健康的成长。高职生之间家庭教育存在的差异性问题,学校应该借助于新生入学或者寒暑假时间,通过工作访谈等形式积极开展高职生家长培训活动,内容主要是以帮助高职生适应新的学校生活,与同学建立友好关系,解决情感困惑,缓解心理压力等。除此之外,学校教育工作者作为家校合作模式的一大主体,学校也要高度重视教育工作者的专业能力、综合素养培训,组建一支拥有专业能力高超、理论水平深厚、实践能力强悍的心理健康教育

工作队伍,深挖其在高职生心理健康教育家校合作模式中的策划者、引领者、参与者、指挥者、咨询者等多元化身份的作用与价值。

（二）制定内容多样、方法巧妙、全方位的长效沟通机制

基于家校合作模式下的高职生心理健康教育,关于家校沟通机制的建立需要从三方面展开,具体如下:①书信作为一种历史悠久的通信方式,在人们心中具有举足轻重的地位。它早已遍布全国,成为人们交流的重要工具。在学校教育中,书信也发挥着重要作用。学校应充分利用书信这一通信方式,向家长详细介绍高职生在校园的学习和生活状况。通过这种方式,家长可以更好地了解孩子的心理状态,为家庭心理教育提供有力支持。同时,这也有助于学校和教育工作者掌握高职生的家庭背景,从而为家庭心理教育提供更具有针对性和目标性的指导。值得注意的是,这种通信方式对于贫困和偏远地区的高职生家庭尤为适用。在这些地区,书信可以弥补信息沟通的不足,让家校合作更加紧密,共同为高职生的心理健康教育提供有力保障。通过书信进行家校沟通,不仅能够增进家长对学校教育的了解,还有助于双方共同关注和促进高职生的心理健康发展。在家校共同努力下,高职生将更好地成长。②随着科技的飞速发展,我们应紧跟时代步伐,运用互联网、新媒体等新兴技术。在当前时代背景下,新一代信息技术应运而生,家校合作也需要顺应这一趋势。在家校合作模式中,我们应该积极采用微信、视频以及互联网等工具和方法。信息技术具有高度的灵活性、开放性和高效性等特点,对于家校合作下的高职生

心理健康教育具有重要意义。引入信息技术可以丰富教育方式，扩大覆盖范围，增强交互性。因此，短信、微信以及博客等信息技术受到了高度重视。为了让更多家长了解并掌握这些技术，我们可以通过组织培训活动或由子女教授家长具体的使用方法。这样，家长就能与教师建立直接联系，更及时、有效地了解孩子在学校的表现和心理健康状况。虽然经济条件、地域等因素可能影响一些偏远地区和贫困高职生使用这些方法，但随着社会经济的快速发展，这一问题将会得到解决，让我们共同努力，借助科技的力量，为高职生心理健康教育创造更美好的未来。③为了进一步加强家校合作，增强高职生心理健康教育的效果，我们采取了召开家长座谈会和实行家访的方式，与家长进行面对面交流。家访和家长会作为家校合作的重要手段，通过教师与家长的直接沟通，我们能更真实、全面地了解高职生的家庭环境以及所受到的家庭教育情况。基于这些信息，学校能够为家长和学生制定更具针对性、更有效的教育方案。虽然高职生的出生地、教育背景和家庭环境等方面存在一定的差异，但家访和召开家长座谈会仍然具有必要性。通过这种方式，我们可以更好地了解学生的实际情况，从而为他们的心理健康教育提供更有力的支持。

（三）优化与整合多方资源，制定科学的保障机制

第一，法律与制度保障。制定科学的法律法规是家校合作的基本保障，通过规章制度才可以制定家校合作模式的长效机制，才可以保证学生家长的知情权与参与权以及监督权等，才可以在制度方面保证心理健康教育家校合作模式的正常实行与有效落实。

第二,组织保障。纵观现阶段高校家校合作模式仍然处在松散状态下,并没有建立专门的组织对其展开有效指导与科学规划,尤其是关于高职生的心理健康教育组织。所以,高校需要对现有的各种教育资源进行优化与整合,建立具有持久性的专业化组织,以保证家校合作模式可以规范化、连续化以及可持续化。与此同时,也要积极地学习与借鉴一些国外比较成功的实战经验,比如美国,从幼儿园起到大学的各个年龄阶段都建立了相应的组织。第三,队伍保障。建立合理的任职资格标准与聘用制度,吸引德才兼备的高职生心理健康教育工作者,打造一支具有高素养、高能力的高职生心理健康教育工作队伍。同时,需要对教育工作者展开培训,帮助他们实现最新理念、最新教育方法等的更新,深化其实行家校合作的政治与业务素质。

第六章 高职生心理健康教育整合模式的创新与实践

第一节 高职生心理健康教育整合模式概述

一、高职生心理健康教育整合模式的基本内涵

(一)高职生心理健康教育整合模式的概念

心理健康教育中"整合"的词义通常是表示整体、综合、渗透、重组、互补、凝聚等意思,其意蕴主要体现在:整体协调,即将心理健康教育的各学科视野和具有独立功能的心理健康教育各要素组成有结构的整体,协调运转,产生最大化的功能;渗透融合,即从内容到形式密切联系,形成不可分割的心理健康教育整体;过渡衔接,即促使各阶段的心理健康教育形成有机的整体,合理衔接,连续过渡,减少断层;互补互促,即心理健康教育各要素互相补充,互相促进,共同发展;持续发展,即实现人的整体素质和谐发展,促进人的心理素质可持续发展。

心理健康教育的整合就是把心理健康教育作为一个系统,把

系统内各学科视野、各种取向、各要素,通过有机联系、渗透、互补、重组综合起来,形成科学合理的结构体系,实现整体优化、协调发展,发挥心理健康教育整体的最大功能。心理健康教育的整合既是过程,又是结果。作为过程,心理健康教育整合是指总体联系,渗透互补,过渡衔接,重组聚合等;作为结果和目标,心理健康教育整合是指整体协调,和谐发展。

基于实践中各职业院校心理健康教育模式多元分化的现实倾向,以及高职院校教育对象和教育环境的复杂性,通过整合高职生心理健康教育各要素,形成科学合理的结构体系,实现整体优化、协调发展,以最大限度地发挥心理健康教育的整体功能,从而构建全方位、多渠道、立体化的高职生心理健康教育模式。

(二)高职生心理健康教育整合模式的基本类型

整合模式是从心理健康教育的多层次、多侧面、全方位出发,建构出适合职业学校心理健康教育基本要求的基本模式。我们既要把心理健康教育与职业学校教育、教学、管理工作等融合起来,也将心理健康教育作为专门的职业教育工作或活动开展,还要努力营造物质形态和精神形态的心理健康教育氛围,从而真正形成整合形态的职业学校心理健康教育模式。整合模式的理念来设计,职业学校心理健康教育整合模式至少可以有 4 种基本类型。

1. 学科渗透整合模式

学科渗透整合模式是整合和开发利用学校学科心理健康教育

资源优势,将心理健康教育与学科教学有机融合,在学科教学中渗透心理健康教育。学科教学渗透心理健康教育既有理论依据,也有实践应用价值。学科教学与心理健康教育的渗透与融合,不仅为心理健康教育开拓了更为广阔的实践领域,也为学科教学提供了变革的空间,真正体现了"以人为本"的教育思想。

2. 课程教育整合模式

课程教育整合模式是指显性课程的心理健康教育与隐性(潜在)课程的心理健康教育相结合。显性课程的心理健康教育根据高职生人格和心理发展的特点,可整合学校各部门的师资力量,有针对性地开设心理健康教育系列课程,形成传授心理健康教育知识的主要渠道,还应辅之以各种专题的心理健康教育讲座。隐性课程是学校隐含于课堂内外的、可能为学生所习得的文化。心理健康教育隐性课程的建设包括开展发展性的团体辅导,将心理学技术融入第二课堂,以及专题实践活动等。

3. 结合教育整合模式

结合教育整合模式是指职业学校的心理健康教育构建"学生—家庭—学校—社会"的整合模式,即学校教育、家庭教育、社会教育与自我心理健康教育四个方面的有机结合。本模式是以培养学生健全的心理素质为基本目标,有效发挥学生、学校、家庭、社区等基本教育要素的作用;着眼于"自我认知—晓理动情—行为导向—反思内化—形成品质"等学生心理素质形成的内部过程的基本环节;重点突出学会学习、学会生存、学会交往、学会做人、智能发展、个性发展、社会性发展和创造性发展等方面的基本内容。

4.综合教育整合模式

综合教育整合模式是面向全体,以发展和教育为主,将心理健康教育与教育教学、班级管理以及其他管理工作有机结合。职业学校可以将心理健康教育的对象分别定位于个别、部分和全体,教育内容由基础知识、专题再到重点、难点以及热点问题。多样化教学方式与心理学技术相结合,各种教育途径由点到面、由浅入深、由表及里,建构起一个分层重点强化和全方位综合的心理健康教育整合模式。

二、高职生心理健康教育整合模式建构的意义

整合态心理健康教育模式理论的分析和实践的探索都已表明,单一学科视野的心理健康教育不可能取得令人满意的效果,借鉴其他学科的长处去弥补某一学科视野的不足已成为当下心理健康教育的现实走向。同时,从人的心理发展的整体性和教育的整体目标来看,心理健康教育需要站在更高的层面上来确定其目标体系,以最大限度地发挥心理健康教育的整体功能。因此,整合态心理健康教育模式的出现成为一种必然。

首先,从字面意思来看,整合态心理健康教育模式就是心理健康教育模式的整合。但这种整合不是实现心理健康教育模式的大一统,不是各学科视野下的心理健康教育模式的机械拼凑、平均用力,而是强调整体协调、重心突出、特色分明,最终实现整体大于部分之和的效果。其次,整合态强调了心理健康教育模式的存在状态——动态性,这就意味着心理健康教育模式不能"画地为牢",

而应随着时代的变迁、理念的更新、技术的进步不断发展变化。最后，构建整合态心理健康教育模式要以科学的系统论为依据，不仅要实现课程的整合、内容的整合、学段的整合、资源的整合，更要实现理念的整合、目标的整合、学法的整合以及视野的整合。总之，要构建起全方位、独立的心理健康教育模式，就要把心理健康教育作为专门的教育活动来开展，也要与职业学校教育、教学、管理等工作融合起来，还要努力营造物质形态和精神形态的心理健康教育氛围，从而真正实现高职生心理健康教育模式的整合。

职业学校心理健康教育整合模式体现了全方位、多渠道、立体型的心理健康教育方略，也是适合现代职业学校教育特点、适合我国基本国情、易于操作和推进的心理健康教育模式，其目的是最大限度地发挥理念、目标、课程、内容、学法、学段、资源及视野等要素的积极作用，整体优化心理健康教育的过程与特色，全面实现既定的心理健康教育目标，提高职业学校心理育人的水平和质量，它必将在我国职业学校心理健康教育的理论建设与实践探索方面产生积极的影响。

第二节 高职生心理健康教育整合 模式的科学建构

心理健康教育模式是心理健康教育理论与实践相结合的产物，是心理健康教育理论应用于心理健康教育实践的中介环节和桥梁。

一、建构高职生心理健康教育整合模式的理论基础

（一）学科间的逻辑整合是心理健康教育实现整合的科学理论依据

科学综合是国际化、信息化时代科学发展的重要特点之一。学科从原先的分化趋向新的整合是当代科学发展的一种必然趋势，也是现代心理健康教育发展的一种现实的和必然的选择。马克思指出："正像关于人的科学将包括自然科学一样，自然科学往后也将包括关于人的科学：这将是一门科学。"普郎克曾经说过："科学是内在的统一体，它被分解为单独的部门不是由于事物的本质，而是由于人类认识能力的局限性，实际上存在着从物理学到化学，通过生物学、人类学到社会科学的连续链条。"莫尔顿·怀特也说："当我们一旦弄清楚学科之间没有明确的分界线，而且没有一门学科可以称得起在认识分类表中占有一个唯我独尊的位置时，当我们弄清楚了人类各种经验的形式也和认识同样重要时，只有到那个时候才算打通最广义的、关于人的哲学研究的道路。"这足以说明现代科学发展的历史趋势就是从分化甚至对立的状况走向真正的融合，这为整合论心理教育的"问世"创造了可资借鉴的宏观视野和浓厚的学术氛围。

（二）整体教育论的主张是心理健康教育实现整合的教育学依据

整体教育理念是 20 世纪 80 年代末兴起的新人文主义教育思

潮的典型代表,已经成为全球教育改革和发展的新趋向。多年来,整体教育论者从不同于旧教育的崭新视点出发,开始了一系列的理论研究与实践探索,迈开了新型教育的第一步。它强调"以人为本",强调"人文""科学"与"创造"的和谐统一,认为未来的教育必须是整体教育,现代教育必须向整体教育转型,必须重视教育过程的整体性。这种整体教育的范式是同当今世界广泛渗透的分割与细分化的教育范式针锋相对的,它从最广泛的意义上把握科学与人类的可能性,旨在修正偏重还原主义倾向的教育。

(三)系统科学的基本思想是心理健康教育实现整合的方法论依据

系统科学的产生和发展对人类的思维方式产生了极大的影响。系统科学的思想原则和方法主要体现在整体性、有序性、动态性、开放性和最优化等几个方面。系统具有一定结构,相联系的结构不同,所构成的系统的整体性质、特点和功能也就不一样。系统论的核心思想即"整体大于部分之和"。系统科学的研究方法始终立足于从要素、结构、功能与所处环境的相互联系和制约的关系中,分析系统中各要素的结构与功能,有意识、有目的地使系统内各要素达到最佳建构和配置,以求使系统形成结构最优和功能最优的整体优化效应。从系统科学的观点来看,心理健康教育是社会大系统和教育大系统的一个子系统,具有整体性、协同性以及适应性、目的性的特点。因此,系统科学理论中的系统整体性原理、动态平衡原理以及等级结构原理,在心理健康教育系统中也同样适用。

二、建构高职生心理健康教育整合模式的现状分析

随着心理健康教育的重要性逐渐凸显,我国的职业学校正通过多种方式来推进心理健康教育。首先,他们开设专门的心理健康教育课程,确保课时充足,并将其纳入学校的正规教学计划。其次,他们组织各种心理健康教育活动,如创新比赛、科技活动和社会实践,让学生在参与过程中提升心理素质。此外,他们还利用班主任工作、班级和团队活动以及校园文化活动,有意识地开展一些有助于培养学生心理素质的活动。为了更好地满足学生的心理需求,学校还开展心理辅导与咨询,对学生的共性问题进行团体辅导和教育干预,对个别问题进行个别辅导和咨询。同时,他们通过互联网进行超时空的对话和交流,建立网上心理咨询站和辅导站,以便及时解决高职生在学习和生活中遇到的各种问题和困惑。目前,我国职业学校探索实践的心理健康教育模式主要有 6 种。第一种是心理健康教育课程模式,主要从课程实施的角度进行探究。第二种是心理健康教育活动模式,以组织心理活动体验为中心,旨在训练学生的心理机能。第三种是心理健康教育渗透模式,它在常规的职业教育教学活动中注重帮助学生提高各种认知技能、完善品质和人格特质。第四种是青春期心理健康教育模式,针对学生身心发展成熟的需要,以性生理与性心理健康教育为重点。第五种是心理健康教育矫正模式,以预防学生心理障碍与疾病、调控心理发展问题为基本目标。最后一种是心理健康教育管理模式,通过建立或健全专门的心理工作机构来开展心理健康教育。总之,我国职业学校正积极探索和实践心理健康教育模式,以期为学

生提供更好的心理支持,帮助他们健康成长。

建构高职生心理健康教育整合模式必须紧紧依靠科研,必须在科学的心理健康教育理论指导下才能避免走弯路。职业学校必须下大力气做大量深入细致的专题研究工作,在心理测量和心理辅导的科学基础上,对高职生的学业焦虑、人际交往障碍、情绪障碍、人格发展障碍、恋爱误区及择业就业等方面的问题进行系统研究,制定出更适合中等职业学校校情和高职生身心发展特点的心理健康教育整合模式实施方案,从而取得心理健康教育整合模式建构的更高起点和更大成效。同时,职业学校每一位教师要树立关心学生心理健康问题的自觉意识,使心理健康教育渗透到学校教育的各个方面、各个环节。

高职生心理特征的发展性、职业教育活动的多样性以及社会教育环境影响的复杂性,决定了职业学校心理健康教育模式固有的复杂性和多样性。由单一化向多样化发展是现代职业教育模式发展的一个明显趋势。职业学校心理健康教育模式不可能是单一的,必然是多样的。实际上,心理健康教育是一门科学,也是一门艺术,在实践中我们不可能只采用某一种模式。职业学校心理健康教育模式的未来,必然是"建构模式,超越模式,善于变换,整合互补"。无论是哪一种心理健康教育模式,在一定条件下都有合理性、科学性和实用性,不能简单地加以否定。心理健康教育的对象不同、目标不同、内容不同,心理健康教育过程的组织形式就应当有所不同,即职业学校心理健康教育模式应当有所变化、灵活运用。同时,我们应当看到每一种心理健康教育模式都各有所长、各有所短,把各种模式整合起来,相互补充、相互协调,这对实现职业学校心理健康教育的理想目标是必不可少的。这也决定了职业学校心理健康教育模式不可能是单一的、固定的，必须走向理性的多元整合。

三、高职生心理健康教育整合模式的理论建构

从目前中等职业学校心理健康教育的实际情况来看，很多职业学校已经开始意识到心理健康教育整合模式的重要，但由于缺乏系统深刻的理论支撑和方法论指导，对于如何科学建构心理健康教育整合模式，规范运用心理健康教育整合模式，都还缺乏深入的思考与研究。因此，有必要从模式的五个要素（理念、目标、条件、程序、评价），对建构高职生心理健康教育整合模式加以探讨。

（一）建构高职生心理健康教育整合模式的理念

随着心理健康教育整合模式越来越完善，已经逐渐在部分职业学校教育实践中落地生根，并且朝着蓬勃的方向发展，很多职业学校看到如此成效也在纷纷效仿，相继开展心理健康教育整合模式，也有部分职业没有抱着心理健康教育整合模式的思想，虽然没有明确提出，但是心理健康教育整合模式理念却恰恰与有着显著效果的心理健康教育实践模式异途同归。除了心理健康教育整合模式与职业教育系统观点上存在一定的差异，撇开这一点，拿理念来讲的话，职业教育系统各要素相互之间的作用与依存，形成的一个全面性的结构体系，其目的也是促进高职生身心健康稳定发展，这与心理健康教育整合模式的理念完全是不谋而合。

心理健康教育整合模式面对的是高职生，以高职生的心理健

康为主要目的,着重于追求高职生心理素质得到全面和谐发展,这需要正确审视高职生心理健康教育的本质,充分了解其本质与功能,并对其有一个科学的认识,从整体上正确审视高职生心理健康教育,对模式的组成要抱有审视、选择的态度,使其体系更为完善。

很多人对于心理健康教育有着一定的误解,认为心理健康教育的作用其实就是起矫正或者预防的作用,其实不然,心理健康教育秉承着以人为本的教育目标,遵循着育人至上的教育价值观,着重于追求与人为善的教育观念,着重于追求高职生心理建设与人格健全,立足于促进高职生心理健康稳定发展,从而有助于使高职生个性化方向发展。

(二)建构高职生心理健康教育整合模式的目标

想要实现高职生心理健康教育整合模式目标,需要从以下三个方面入手:一是发展性目标。随着人口的不断增长,职业学校所面临的学生越来越多,学生不仅需要面对学习生,还面临着各种人际交往,亲人关系之间的处理、同学关系的处理、师生关系的处理等等,这使得高职生心理健康工作的开展,尤为重要,高职生心理健康的疏导,不仅能够有助于高职生正确地处理学习生活,还能够提供科学性的建议,使学生能够更好地处理各种人际关系,使学生心理上不惧怕来自各方面的压力,能够游刃有余地解决好来自人际关系方面的矛盾与问题。二是预防性目标。部分学生由于紧张的学习生活以及来自家庭生活的压力,使得这类学生有可能发生或者即将发生心理上的问题,针对这类学生,需要进行全面的心理健康教育,给予心理上的疏导与心理健康知识的传授,掌握心理健康知识有助于帮助学生自我心理调节,从而降低高职生心理疾患发生的概率。三是治疗性目标。部分学生由于学习、生活、家庭等各种因素而导致的心理疾患,针对这类学生需要制定行之有效的治疗方案,有计划地进行治疗,通过不同程度的治疗方法,帮助学生清除其心理障碍,从而使学生恢复正常的心理健康。

(三)建构高职生心理健康教育整合模式的程序

针对心理健康教育整合,国内学者的观点各不相同,为此,结合各种观点把心理健康教育的整合过程总结成了三个基本阶段,第一阶段是包容,第二阶段是定位,第三阶段是融合。

心理健康教育整合的显著特点是包容,它体现着心理健康教育的胸怀宽广,不仅能够接纳人的一切本性,还能够容纳与人本性相适应的一切,其中包含其教育方法与实践,以及各种学科蕴含的人的真实本性的研究与探索,这使得心理健康教育整合模式的理念又多了一些真理的成分。

心理健康教育整合得以实现的第二步是定位,这并不意味着心理健康教育整合模式的固定化取向,心理健康教育整合模式是多种学科的整合与交融,本着以人为本的发展方向,立足于人真实本性的角度上,从实事求是的角度出发,评估多种学科整合后的合理之处,介于他们的边界,来以此充分发挥他们的作用,使他们在心理健康教育整合体系中,得以生存。

融合是心理健康教育整合得以实现的关键,也是走向整合目标的最后一步,更是关键的一步。它重新构架了各种学科之间的关系,以新的研究视野来看待它们之间的融合,无论是学科理论,还是学科的模式,融合的走向很大程度上弥补了他们之间所存在的缝隙,使他们之间相互关联、相互依存、相互渗透、相互作用,以完整的形象展示到人们的面前,是一个完整的整体,它预示着心理健康教育模式的新突破,也使心理健康教育整合模式更具有全面性、整体性。

本质上来说,心理健康教育的整合着重于强调人的本性研究,以此为框架,来展开心理健康教育研究范围,确立心理健康教育理论与思想,从而寻求正确的心理健康教育方法,进而解决心理上各种疾患与问题。从包容走向融合,每个步骤都是一个必然的整合阶段,也在一定程度上显现了心理健康教育整合的具体内容。

第三节　高职生心理健康教育
整合模式的实施策略

建构心理健康教育整合模式已经成为学校心理健康教育的现实走向。建构心理健康教育整合模式要以科学的系统论为依据,不仅实现课程的整合、内容的整合、学段的整合、资源的整合,更要实现理念的整合、目标的整合、学法的整合以及视野的整合。

一、高职生心理健康教育理念的整合

心理健康教育理念是学校心理健康教育的核心因素,也是其出发点和归宿,它客观上决定了学校心理素质教育的目标、原则、内容、途径、操作与评价。目前,不同的研究者提出了不同的心理健康教育模式,理念各不相同,无论是"三全"心理健康教育观(面

向全体高职生、全员参与、全过程和全方位进行),还是人本化心理健康教育观、生活化心理健康教育观、自主化心理健康教育观以及本土化心理健康教育观,它们都有各自的特色。强调心理健康教育理念的整合,但绝不是各种心理健康教育理念的机械拼凑、平均用力,而是强调各种心理健康教育理念的有机结合与和谐发展,追求整体协调,贵在彰显重心,重在体现特色。从整合的视野建构职业学校心理健康教育模式,与其说这是一种教育模式,不如说是一种常规性的内在教育要求,是职业学校心理健康教育的一种指导思想或先进理念,是心理健康教育理论建构和实践探索应有的一种学术视野和现代职业教育信念。

二、高职生心理健康教育目标的整合

心理健康教育目标的整合模式是指在学校心理素质教育中学生在心理素质上应得到怎样的发展的理念体系范型。强调心理健康教育目标的整合,原因在于:一方面,从高职生的心理发展现状来看,高职生中存在程度不同、类型各异的心理障碍,常见的有厌学、逃学、角色紧张和冲突、自我中心、挫折耐受力差、过度依赖、过度焦虑、情绪脆弱、攻击性行为、人际交往障碍、孤独与冷漠,等等。另一方面,心理健康教育在实践中有若干误区,如医学模式化、过于简单化、学科化等,忽视了学生心理素质在其心理健康中的基础作用,曲解了心理健康教育的任务要求。因此,从人格现代化和个性社会化的要求出发,要求促进高职生心理的全面和谐发展,不仅要帮助学生学会生活、学会学习、学会创造、学会关心、学会做人、学会自我教育,还要使他们面对学习情境、任务要求、目标内容的变化,生活历程、内容、环境的变化,交往环境、交往对象、交往规范的变化,身体生长发育的变化,能表现出与这些变化相适应的心理和行为,更要促进他们完善人格,积极开发自我潜能,从而形成积极的心理品质,这是心理健康教育目标整合的重要标志。

三、高职生心理健康教育课程的整合

心理健康教育课程的整合包含两个维度,一是心理健康教育课程的整合探讨具体学科中的学习与教学的心理学规律。心理与教育的整合使得教育心理学拥有了持久、深入发展的资源与动力,并直接导致了学科教学心理学的形成与发展。学科教学心理学即探讨具体学科中的学习与教学的心理学规律,如探讨阅读、写作、数学与科学问题解决等过程中的基本学习规律以及相应的教学规律。与以往脱离具体学科而泛泛描述学习规律的教育心理学研究相比,心理健康课程的整合体现了教育心理学研究的情境取向、整合取向,能够更为确切地反映人们在具体学科领域中的学习规律。二是心理健康教育课程的整合把心理辅导的内容和方法渗透到各科教学中,探索不同类型课程之间心理健康教育的相互协调、积极融合。学科渗透是指在学校的学科教学中注重心理学知识、方法与技术,在帮助学生形成知识技能的同时形成良好的认知技能、意志与人格品质等心理素质。学科渗透因为具有跨学科、跨专业的特点,对学科教师的要求较高,要求教师具有心理健康意识,所以,要实现这一目标,要求心理素质教育工作者与学校的学科教师共同合作,在教学要素、教学设计与教学过程中将学科教学活动与心理素质训练整合于教学过程之中,让学生在自然的教学活动中了解心理学规律,缓解自身的心理压力,提高学习效率,形成良好的心理素质。在实践操作中,充分重视职业学校文化基础课程、心理健康教育专门课程、专业理论与实践课程和潜在隐性课程这四类课程的整合,探索不同类型课程之间心理健康教育的相互协调、积极融合。

四、高职生心理健康教育内容的整合

心理健康教育内容的整合,应以心理健康教育的理念为指导,以心理健康教育的目标为主线。具体而言,心理健康教育的内容由以下 8 个部分组成:第一,适应学习,如学习环境的熟悉、学习任务要求的了解、学习时间的合理安排等;第二,适应人际交往,学会如何处理周围交往对象之间的关系,如亲人关系、朋友关系、亲戚关系等;第三,适应生活,如生活环境的适应、生活方式的适应、生活内容的适应等;第四,学会做人,如了解别人的感受、社会对等关系的处理、他人的请求、他人的需求、集体关系的处理等;第五,发展个性,如自我的一个正确认识、兴趣爱好的保持、自我评价能力、独立性培养、拥有自控能力、不断超越自我等;第六,发展能力,以思维能力为中心,如思维方法、创新思维、逻辑思维能力、综合分析能力,同时评估能力、创造力、宏观思维能力等也尤为重要;第七,发展社会性,如责任感、认同感、协作意识、正确的价值观、成就感、自豪感等;第八,发展创造性,如培养学生的创造潜能、创造意识、创造意愿、创造能力等。以上这几个方面内容,是一个总体的要求,要形成一个完整的体系,便于相互之间的协调与促进。

五、高职生心理健康教育学法的整合

心理健康教育学法是多种多样的。它的形式不是单一的,有各种形式的方法,但无论是哪一种形式的方法,目的都很明确,方法的使用在实践上都有实质性的效果,认知领悟形式的分为自由讨论法、小组研讨法、专题分析法、组队组辩证法、认知矫正、独立思考法、相互评价法等;活动体验形式的分为互换体验、对立位置体验、移情体验、情景体验、实践体验、互动体验、朗读体验等;行为形式的则有行为示范、行为训练等。这些方法在实际教育中都有着显著的效果,如果将这些方法进行整合,那势必会带来一定的综合效益,使这些方法策略发挥最大化作用,不仅强化了心理健康教育的时效性,更在一定程度上使心理健康教育更具有针对性。在整合过程中,需要探讨各种方法之间的联系与区别以及相互之间的作用,这关系着心智技能的形成与发展,这也是心智技能的形成与发展规律的前提要求。因为心智技能的形成与发展很大程度上来源于多种因素协同作用,取决于各种外部各种因素相互作用。

六、高职生心理健康教育学段的整合

心理健康教育学段的整合探索不同层次学段之间的连贯性,探索入学适应阶段、专业发展提高阶段以及毕业离校阶段心理健康教育的有效沟通和科学衔接,以增强心理健康教育的实效,真正优化职业学校心理健康教育。心理健康教育学段的整合模式可以分为总学段模式和分学段模式。前者指的是研究者从连续的学段上进行建模,要求在整体上突出各学段模式的特点、重点。同时,学生心理素质发展亦具连续性特征,这也要求在各学段模式上体现连续性,体现在实际的教育中就是要求注重各学段模式的衔接与一致。不同年龄段学生心理健康教育策略的区别与衔接,富有启发,重在内化体验和品质形成。但贯穿各年龄段的主线都应该体现积极适应与主动发展的要求,既要体现阶段特点,又要考虑与整体目标一致。

第七章　高职生心理健康教育
课外实践活动

第一节　高职生心理健康教育
课外实践活动的设计

课程设计是教学的重要环节。尽管我们反对将心理健康教育学科化,课外实践活动也不是正式的教学活动,但作为心理健康教育课程教学的补充、扩大和延伸,设计好课外实践活动是十分必要的。

一、课外实践活动设计原则

课外实践活动要以高职生心理特点和年龄特征为总的指导原则,这是心理健康课外教育活动生存和发展的出发点与落脚点,也是每个活动组织者必须遵循和重视的原则。此外,还需遵循以下三个原则。

(一)层次性与逻辑性

心理健康课外实践活动的设计可以参照团体心理辅导活动设计的原理,各环节要有层次性,由浅入深,层层递进,富有逻辑性,符合高职生认知的特点与规律,从而使他们对整个主题活动有宏观的把握。同理,心理健康课外教育活动的设计也要遵循层次性与逻辑性原则,活动与活动之间要有梯度,不管是形式还是内容,都是如此,这样学生才能更好地理解主题。如果所有课外教育活动的类型都相似,学生就会失去兴趣,达不到心理健康教育所期望达到的效果。

(二)启发性与启智性

要想学生在心理健康课外实践活动中碰撞出智慧的火花,产生头脑风暴,主题活动的设计一定要具有启发性,能够启发高职生积极地进行深入的思考,并能够想得深远。这种启发不只限于对活动主题的思考,还可以扩大到对生活中类似问题的思考,并让学生有所感悟。好的课外教育活动还能让学生的智慧有所生长,可以学到什么,或者找到一些解决心理困扰的灵感。因此,遵循启发性与启智性原则是一种高境界,也是心理健康课外教育活动保持长效的一个重要的因素。

(三)活动性与互动性

心理健康课外教育活动应以活动为中心,让学生在各种模拟情境中去讨论、体验和训练,使他们可以通过直接的实践活动来提高心理素质和心理健康水平,促进个性发展。活动性是心理健康教育课外实践活动的突出特征。在活动中,要发挥积极的双向互动的团体动力效应,要通过讨论、分享等方式促进师生互动、生生互动、学生与环境互动,让学生在互动中获得心理体验和认知,进而影响其行为。

二、课外教育活动的设计步骤

设计心理健康课外教育活动,应有坚实的理论基础和对实施流程的清晰考察。总的来说,要重点考虑以下几个步骤。

(一)确定活动主题

活动主题是整个活动的灵魂。主题的选择途径有很多,可根据心理健康教育的主要内容进行选择、开展调查,根据学生的心理需求获得,根据不同学生心理发展阶段所需的知识确定。需要注意的是,主题的选择要结合高职学生心理发展实际,具有可操作性。

(二)阐释活动理念

开展心理健康课外实践活动的主要目的是践行实践活动所反映的教育理念,而不是单纯为了让学生参加一些活动,没有融入相关教育理念的活动不能有效推动学生的心理健康发展。但怎样才能促进学生的信心朝着预期的心理目标进行发展呢?不同的学者对此所持观点有所不同,有的学者认为学生心理发展的主导因素是人际交往环境,良好的人际环境可以促进学生更好地实现自我价值;有的学者则认为行为改变会引发心理变化,所以学生的心理健康发展应该从行为塑造做起;还有部分学者认为阻碍学生心理健康发展的主要障碍是学生压抑的心理情结,而分析这些心理情结所在并采用适当的方式进行解决就能促进学生心理更加健康地发展。从这些观点可以看出,学者对于学生心理发展的研究理念是不同的,有基于环境的,有基于行动的,也有基于精神分析的。所以,教育理念的不同会直接影响实践活动的建设,只有确立有效且明确的教育理念,从这个根本出发,设计并组织相应的心理健康实践活动,使教育理念充满实践活动的每一个环节,才能达到心理健康实践活动在学生的心理健康体系中的真正作用和目的。

(三)确立活动目标

确立目标就是确立活动所要达成的最后结果,只有目标清晰明确了,才能制订计划并付诸实施。清晰化、具体化、可操作是活动目标设计的基本要素。如:以"学习心理"为主题的课外教育活动的总目标是帮助学生发现自己的学习潜能,提高学习能力。在设计时,我们还要对这一总目标进行具体化:引导学生认识自己的学习潜能,引导学生培养浓厚的学习兴趣,引导学生建立正确的学习观念与态度,引导学生发展学习能力,引导学生养成良好的学习习惯与有效的学习方法,引导学生养成适应与改善学习环境的能力。

(四)确定活动内容

活动目标需通过一系列的活动内容来体现,内容是目标的载体。活动内容就是指活动项目的集合,它们表现为一个个活动单元,关系到活动目标的实现程度。如根据"学习心理"主题教育活动的总目标,可将活动内容定为良好学习习惯和方法的培养,掌握记忆技巧,创新能力的培养,克服考试焦虑。活动的基本任务是:

提高学生的学习技能;掌握有效学习策略;发展创造力;培养学习兴趣和良好的学习态度;激发学习动机;正确对待学业成功与失败,树立自信心;养成良好学习习惯;帮助学生解决与学习有关的各种困惑。

(五)设计活动项目

明确活动目标、活动内容后,接下来就是设计活动项目。活动项目设计是针对某具体的活动内容制订的实施计划,具体内容为活动项目要与总的活动内容相对应,分析每个项目涉及的理论,制定每个项目的活动目标,设计每个项目的活动内容,选择活动方式。

(六)评价活动效果

活动设计之初,就要考虑到可能产生的教育效果。在设计者的头脑里,要有关于结果的明晰的效果图景。设计者还要善于把这种图景与所有参与活动的学生分享,使其成为大家共同为之努力的意愿。同时,设计者要为评价活动效果准备配套测评方式,使其具有可操作性。活动效果测评为这次活动提供了反馈,以准确评价活动的效果,改进以后的工作。但最重要的是,当活动的效果评价作为活动设计的一部分被充分考虑时,它就成了活动目标的一部分,为集体和个人提供了压力,让成员对活动有更多的投入。当然,这种评价不是对成员表现的评价,而是对群体收获和活动效果本身的评价,是一种形成性评价,所以不会像传统考试那样对学生个体造成压力。

三、课外教育活动的实施要领

在实施心理健康课外教育活动的过程中,有以下几点需要引起高度重视。

(一)重感受

心理健康课外教育活动是心灵的碰撞,是人际的交流,是情感的体验,是帮助一个人学会自助的过程。活动的过程是高职生的认知结构、情感体验、行为方式在活动组织者的干预下进行调整、重组、统合的过程。这个过程是一个主动过程,而不是单纯依靠外力实现"塑造""教育"的过程。开展心理健康课外教育活动的根本取向,是要促使学生在团体的助力下,审视自己的内心,反思自我的成长,思考学习,思考人生,思考自我与外界的关系,以推动自我的完美发展。

(二)重指导

心理健康课外教育活动是一项专业性很强的工作,没有心理老师的精心指导就很难达到设定的目标。教师的指导作用具体体现在:设计活动的目标,拟定活动的主题,选择恰当的活动形式和方法,设计活动方案,控制活动的进程,评价活动的结果;在活动过程中要积极营造团体活动的氛围、控制活动时间、把握主题方向,要以欣赏的态度去听学生的讨论,看学生的表演,并给予鼓励和引导;注意观察学生的行为表现,发现问题,实施个别辅导。心理健康课外教育活动应该是"非指导性的",活动的组织者不能对学生作强制的说理和武断的解释,必须采用的暗示、忠告、说服等手段也只能最低限度地使用,力求"随风潜入夜,润物细无声"。

(三)重目标

在实施心理健康课外教育活动中最重要的是把握好教育理念和教育目标,如果只考虑形式和手段的新鲜花哨,就很可能会导致舍本逐末。团体心理游戏可以为课外教育活动增添不少生机和便利,但这些游戏的使用一定要服从于教育目标的需要。如果不考虑场地、环境、主题的针对性等客观因素,不加分析地把一些游戏引入课外教育活动,则是不妥的。课外教育活动不能片面追求"轻松""愉快""活泼",更应注重引导高职生去直面生活,有鲜明的针对性,要有深度、内涵和哲理。

(四)重真话

强烈的安全感会让人更容易敞开心扉,信任就是人们安全感形成的重要影响因素。对于学生不经意说错的话给予适当的包容,可以促进学生善意的思想形成与行为塑造。罗杰斯认为指导者应该具备共情、真诚、无条件关注三种基本态度。组织者在心理健康课外教育活动中要更加侧重良好氛围的营造,提升参加者对于活动的信任度,能够更加自由和真实地和别人沟通,从而引起参与者在心理方面的改变,这也是活动的最终目的。

(五)重氛围

心理健康课外教育活动的主基调是创建适宜人际交往的良好

环境,参与者在这种环境的影响下,形成互相信任氛围,从而进行倾诉、了解和接纳的人际交往行为,在这个过程中参与者就会逐渐敞开自己的心扉。一个良好的环境和氛围可以使参与者较快地放下心理防线,积极接收和回应周围人发出的信息。所以,环境和氛围的建立尤为重要,这也是对组织者能力的最大考验。

(六) 重应变

因为高职生是一个充满活力的群体,每个个体都具有不同的发展特点,所以当心理健康课外教育活动的开展对象是高职生时,需要格外注意学生在活动过程中的心态变化,切不可只是一板一眼地执行原定活动设计方案。对于活动开展过程中学生心态进行不间断的观察,并针对即将产生的心态变化趋势,对活动环节进行及时的调整。基于高职生的自身特点,心理健康课外教育活动的实施会是一个随机的、处于动态变化中的过程。在教师和学生的多种形式的交互作用下,会激发学生的潜在思维,这时学生在之前各种生活经历的提示下,倾诉和表达的欲望会上升,在不断相互沟通的过程中逐渐发现自我价值和生活的美好意义。活动在这时也会变得更加有活力,这也是一次成功的心理健康课外教育活动的标志。但这种活动成功并不是仅仅靠完美的活动设计方案就可以实现的,组织者做足准备的情况下,还需要在活动过程中提高随机应变能力。

(七) 重自我升华

领悟是学生心理和自身发展提升到新一阶段的关键。学生的领悟和自我升华能力与其他基本能力一样,也需要进行不断的发展和成长。学生在进行自我升华的早期实践阶段,思想转变肯定是有些幼稚的,但组织者不可轻视这种转变,更不可越俎代庖。不仅如此,处于活动尾声的总结环节是学生对自我所得的重要反思阶段,也是其他学生学习和信息教师收集信息的重要阶段,并且此阶段需要学生独立完成。

第二节 校园心理情景剧的组织实施

一、校园心理情景剧的构成要素与技术

(一)了解校园心理情景剧

(1)校园心理情景剧根据戏剧架构,可以由一个人或多个人共同创作、编排和再现真实的生活场景,获得新的生活体验。

(2)校园心理情景剧的当事人可以是一个真实的个体,也可以是典型的一类人的代表,用以解决团体存在的比较普遍的问题。

(3)校园心理情景剧的心理辅导老师往往是在编排的时候发挥作用,表演时已经退居幕后。

(4)校园心理情景剧一般有发生、发展、高潮、结局比较固定的戏剧形式。

(5)宣泄并不是校园心理情景剧中必要的因素,可以有,也可以没有。如果有,主要表现在戏剧的高潮阶段。

（二）校园心理情景剧构成要素

第一要素是剧本。剧本是校园心理情景剧活动的根本出发点，是剧情演出的文本依据。剧本主要由剧中人物的对话、独白、旁白和舞台指示组成。剧本的结构一般可分为开端、发展、转折、高潮、再高潮、结局。

第二要素是人物。人物是校园心理情景剧的灵魂。校园心理情景剧的人物包括导演、演员、观众。导演由学校的心理老师担任，是校园心理情景剧的策划者、组织者、指导者。其任务在于指导和支持学生编剧创作和进行表演，帮助建立一种宽松的氛围，及时引导剧情向目标方向发展，并邀请观众进行评论，以加强教育的效果。演员分为主角和配角。主角是剧中的主要演员，可以由与剧情中主人公有类似问题的学生或者一般同学扮演；配角是剧中的其他演员，配合主角演出。观众是除演员外的所有学生参与者。

第三要素是表演。表演是校园心理情景剧的重点和主体。表演包括暖场、演出、分享与审视三个部分。暖场用来催化演员创造性的潜能，熟悉剧情、参演成员和舞台等，是表演的准备阶段；演出是演员将剧本进行具体展示的过程；分享与审视是演出后演员与观众一起交流剧情，分享经验，反省自己的过程。

第四要素是技术。技术是校园心理情景剧中的重要元素。心理情景剧的常用技术有角色扮演、角色互换、替身、旁白、独白、空椅子等。

第五要素是舞台。舞台是校园心理情景剧表演的场所。校园心理情景剧的舞台设置可以灵活多样，如教室或室外的空地。根据剧情需要,有时舞台需要配备相关背景、灯光、音响和道具。

(三)校园心理情景剧的基本技术

校园心理情景剧主要是通过角色扮演的方式,将当事人的心理展示在舞台上。心理辅导老师应根据当事人的心理类型,选择恰当的角色扮演技术,促进情感体验。以下列举几种常见的角色扮演技术。

1. 角色转换技术

角色转换技术是心理情景剧里最常用和最有效的一种技术,即让当事人或者说主角与另一个角色相互交换,来体验对方的经历和感受。角色互换可以帮助个体从自己的角色中抽离而进入另一个人的世界中,经过角色的互换,把主角同理的或投射的情感演绎出来。比如,让主角与演出其室友的配角进行角色转换,而该配角出演主角,根据剧情需要可以多次交换。在这样的互动中,主角对室友以及自身的状态和立场都会有新的领悟。这对于解决高校中普遍存在的寝室关系等人际问题,无疑是一个有益的探索。

2. 未来投射技术

未来投射技术被用来协助成员表达和澄清他们对未来的想法。如让团体成员想象 5 年以后、10 年以后或者更久以后的自己,并表演出来。这样可以让他们明确自己的理想和价值观,这种明确将推动成员去争取自己想要的结果。如处在类似考专升本与就业冲突之中的人,可以用多种方案对将来进行预演,通过别人的反馈和自己的权衡选择出最富建设性的方法。

3. 魔幻商店技术

魔幻商店技术通常用于暖场阶段,也可用来表演,其基本思想在于主角和扮演店主的配角进行讨价还价的表演,店主卖的东西都是无形的,在生活中无法用金钱交换的,如快乐、成功、健康等。主角扮演买主,要拿出自己所拥有的品质去交换。比如用自己追求完美的品质去换取职业生涯中的成功,用自己的敏感去换取同学之间的亲密。在整个过程中,主角可以考虑再三,是否值得交换。这样的活动可以让旁观者明白主角的困惑和想要改变的现状;同时,主角也会明确自己有些怎样的品质,哪些是值得发扬的,哪些是需要改进的。这种明确对于处于自我同一性的发展阶段、自我意识明显增强而人格尚不成熟的高职生有着尤为重要的意义。

4. 空椅子技术

空椅子经常运用于一个人表演的短剧中。当主角对某人或自己的某部分产生阻抗、不敢面对时,就可以利用一张椅子来象征其内心的期望或恐惧。一般会让主角想象在一张空椅子上坐着一个人,放着一件东西或者自己的某一部分,鼓励主角与之对话。

5. 替身技术

替身技术即由一名成员扮演主角,进入主角的经验世界中,体会主角的感受、想法和内在语言,以协助主角把没有体会到的感受表达出来,扩大主角的觉察范围,催化主角的心理经验,表露出主角的深层次情绪。在校园心理情景剧中,经常会使用的一种替身技术是:给主角安排两个替身,一个代表本我和欲望,另一个代表超我和道德,通过两个替身的冲突矛盾来形象地表现主角的内心冲突。

二、校园心理情景剧的实施

（一）校园心理情景剧的导演

校园心理情景剧的导演工作是把高职生心理健康教育活动具体到每一个心理健康问题的过程。导演者就是心理辅导老师本人。导演工作包括挑选演员、分配主角和配角、选择角色扮演技术、指导和排练表演的艺术效果等。

1. 挑选演员

演员的气质类型要符合角色,要指导演员认识、体会和了解角色的心理问题,这些问题或许就是他本人的或者他身边人的心理问题。符合角色类型的演员更易于从表演中体会和表现是与非、对与错、正常与不正常等,从而达到解除危机和烦恼的疗效。最符合条件的演员就是提供素材的原型人物。

在挑选时应注意演员的异质性程度。由一个异质性较高的群体来演绎一出校园心理剧可能收效会更大,尽管他们在编排的最初阶段可能更容易发生矛盾冲突。例如一个对任何人都不信任的主角,遇到一些善良、友好、真诚、坦荡的配角或观众,他很容易就会动摇自己原来的信念;一个特别害怕在众人面前讲话的人,如果与健谈的人一起表演心理情景剧,和能理直气壮地大胆表达自己感情的配角同台,更能反衬出他自身存在的不敢大声说话、表情羞愧、动辄向人道歉等行为,并为他的自我改变树立了良好的范本。

而一个抑郁倾向严重的患者,如果遇到同样抑郁的个体,他们之间的负性情绪会因互相传染而形成恶性循环。因此,在选择校园心理情景剧的演员群体时最好考虑到异质性的问题。

2. 分配主角和配角

主角是校园心理情景剧的主要人物,但是通常心理情景剧中不会只有主角,还需要配角来帮助主角完成整个表演。但是,在校园心理情景剧的排演中,经常发生的现象是,学生争着演主角,而不愿演配角,这本身就是一种缺乏团队协作精神的不良心理表现,也恰好可作为进行人际心理辅导的一个契机。

（二）校园心理情景剧的表演和演出

校园心理情景剧的演出是学生在角色上进行的艺术创作和灵感发挥,既融入了他们对角色的领悟把握,又赋予了角色自身的个性特色;不仅是高职生课余生活中心血与汗水的结晶,更是高职生进行心理健康教育的自我实践活动。通过校园心理情景剧的演出可以在观众中普及心理健康知识,引起观众的共鸣,也能令表演者得到最大的支持鼓励和精神安慰。

1. 演出时间

校园心理情景剧的演出时间可以安排在高职生的节庆假日文艺晚会、各种艺术节活动上,或者安排在每年 5 月 25 日的高职生心理健康活动日。

2. 观众

校园心理情景剧的演出可以有特定的观众,例如在针对具有类似心理问题的小群体进行团体心理辅导时开展表演,也可以无特定观众,如在全校、全院(系)或全班的集体活动中进行演出。

3. 分享

演出之后,是分享的过程,即演员之间、观众之间、演员与观众之间的一种互动与情感交流,这是一个让情绪宣泄和经验整合的时间。情绪宣泄是一种释放的经验,它使长期内在流动的状态找到其情感表达的途径。分享的方式是,采取志愿报名或从调查问卷中抽取问题比较典型的观众,与演员和导演一起分享个人成长中与剧中主角类似的经历或故事。在此过程中,不强调对事件或问题的分析或者评价,而是侧重于个人情感的自然流露或表达。参与者的意见在这个时候会被全体成员听到,同时每个成员都能发现自己跟主角的相似性。分享的时候就是要抓住这个学习的过程,让学生宣泄自己的情绪,得到一些反省和情感的支持。

4. 审视

审视是指在分享之后,演员和导演之间就演出的感受、收获进行的一种交流,对演出中技巧运用的一种反思与回馈,以便下次演出时有所提高。

总而言之,校园心理情景剧的实施过程,正是心理辅导教师以此类高职生为对象进行一系列心理咨询与辅导的实践过程。通过导演过程的辅导和排练,既能让学生了解在他们当中或身边存在的这些不容忽视的心理问题,又能教育帮助他们及时克服、战胜这些心理问题。在具体表演进入角色的过程中,学生还能学到戏剧表演等舞台艺术方面的知识,有效地扩展高职生的第二课堂,丰富活跃校园文化生活。

（三）校园心理情景剧举例

校园心理情景剧在开展包括 5 个基本环节，即准备、暖场、演出、分享、讨论。为了更加了解这 5 个环节的具体实施过程，下面以心理情景剧《宿舍你我他》为例，对校园心理情景剧在高职生心理健康教育中的具体应用进行详细的说明。

校园心理情景剧《宿舍你我他》以高职生宿舍生活中，同学之间的人际关系交往中常见的人际矛盾为背景，采用"情绪红绿灯技术"的情景剧形式，讲述了某女生宿舍中所发生的一个真实案例：主角小丽因与热恋男友经常通话到晚上 12 点，严重影响了室友的休息，室友与其沟通无果的情况下，小丽与室友间发生了争吵。之后，小丽便转移到宿舍外面打，但也影响其他宿舍的学生休息，从而小丽在同学中的人缘变得很差。

在准备和暖场环节，将成员分为红、黄、绿三组，其中红队代表矛盾冲突，黄队代表理性思考，绿队代表问题的解决。随后进行主题任务的发布，每组同学根据任务进行人员角色的分配，指导老师可以在各组角色分配的过程中进行适当的引导。角色分配完毕后，各组成员对于女生宿舍中小丽事件进行讨论和分析，对于事件本身和之后的表现方式各抒己见，这也是成员之间凝聚力和信任程度增加的过程。

在演出环节，每个组依据其队伍颜色的代表意义进行演出。首先红队进行该事件的问题呈现表演，过程中要突出事件中的宿舍矛盾和每个人物的内心冲突；黄队则需要对这些矛盾和冲突通过表演进行分析;绿队根据黄队的分析,结合成员的讨论和总结,表演出针对这个事件的矛盾和冲突的解决方法。表演全过程,教师应对学生进行必要的指导,同时积极引导观众对表演做出适宜的回应,增强学生的成就感和自信心。

在分享和讨论环节,主要是演出成员对于演出过程进行总结和感悟分享,指导老师可以进行适时的提醒,比如"在演出过程中,我看到了什么情况,这种处理方法很好,但其他同学还有没有不同的方式进行处理呢?"等方式进行积极的引导。之后还可以组织学生对于自己以后遇到类似的情况,可以采取的处理方法进行表述,成员互相之间讨论不同方法的优缺点。

整个流程结束后,指导老师可以让红、黄、绿进行颜色互换,让每个成员从不同的角度去体验这个事件的发展。心理情景剧《宿舍你我他》可以有效提高学生的人际关系处理能力和情绪控制能力,这对于自我情绪调节和校园生活幸福感的增强具有重要意义。

校园心理情景剧虽然只是舞台上的一种表演方式,但是它所包含的内容代表着社会生活的缩影。同学们可以将学习和生活中的任何问题搬上舞台,通过表演的形式将每个学生对问题和生活的思考更加生动地表现出来,这个过程中的欢声笑语、感动落泪都是对学生最好的心理教育,这也是校园心理情景剧是心理教育中的重要形式的原因。

第三节 心理健康主题班会的组织实施

心理健康主题班会是围绕高职生中普遍存在的某一心理发展主题,运用团体心理辅导技术设计的结构化或半结构化的班会方案,重点是帮助同学们解决普遍存在的共性问题,加强引导与分享,促进思考和交流。心理健康主题班会是教师高职生进行心理健康教育的一种有效形式和重要阵地。

一、心理健康主题班会的组织

(一)有针对性地确立和策划班会的主题与内容

这是心理健康主题班会的生命力所在。不同年级、不同班级有不同的情况,同一个班级在不同的学年、学期和时间段也会呈现出不同的状况。确定心理健康主题班会的主题和内容时,组织者必须考虑具体情况,针对本班学生共同关心的社会心理现象、班级普遍性和倾向性心理问题或严重的突发个案做出选择,以引起学生注意,激发学生兴趣,取得理想的教育效果。否则,即使学生对主题有兴趣,也难以展开思维,无法参与其中,起不到教育作用。为使心理健康主题班会有针对性,组织者务必调查研究,掌握班情,清楚高职生近期关注的热点是什么,了解高职生普遍对什么感兴趣,知道高职生的动机、需要、情感等心理特征。

一次成功的心理健康主题班会将对高职生的世界观、人生观和价值观产生积极的影响。心理健康主题班会是一项实践性的活动,所以在设计主题时,可以根据高职生的成长需要、不同时期的心理发展特点,设计系列相关主题。如大一可以开展一些有关生活适应、生涯规划、人际关系、感恩教育、生命教育、恋爱教育的主题。如"我是谁""天生我材必有用""你想让更多的人喜欢你吗"等。大二、大三则注重专业理论与实践的联系、能力和素质的提高,可以开展一些就业指导、职业规划相关的。如"成为一名合格的职场精英,你准备好了吗""面临毕业,我该何去何从"等。也可以根据一些热点来选择适宜的题目,帮助学生克服心理困惑,促进学生成长发展。

(二)根据高职生的心理和年龄特点,选择适当的组织形式加以实施

在明确活动主题之后,如何设计方案、安排内容、组织学生等工作都应该让高职生自己着手。在开展主题班会的过程中,要注重民主、平等性,给予高职生充分的时间和空间,充分调动每个同学的积极性。要针对高职学生的兴趣和心理特征,采用新颖、灵活的方式,并且要做到因人而异、因时而异,让更多的学生参与到主题班会中。

心理健康主题班会的组织方式有模拟扮演、讨论辩论、娱乐表演等,还可以根据不同的主题来进行选择,并进行不同的组合。例如,让高职生立即投入情绪的方式,包括鼓掌、欢呼、歌唱等;在庆典方式上,以答谢晚会、舞会、音乐演出等形式,展现高职生的成长;以游戏的形式,运用简单的工具来满足学员的挑战需求;角色扮演方式,由学生根据班级情况自行设计情境,选择学生扮演相应

的角色,可以增强学生的体验。还有电脑演示、脑力激荡,演讲、朗诵、才艺展示等。当然,在开展心理健康主题班会前,一定要在组织者的指导下,由班委做好充分的准备工作,选择出与主题和班级中学生的心理特征相符的模式和活动形式。同时,也要防止"走过场",比如为了完成任务而"敷衍了事"。否则,主题班会很难对学生身心发展起促进作用。

（三）增强高职生的参与意识,增强主题班会的实效性

在心理健康主题班会活动中,组织者要积极主动地运用各种心理辅导的技术,打破传统主题班会教育中存在的"教师为中心""灌输为主"的固有模式,打破传统的师生关系模式,构建以学生为中心、以学生自主活动为基础的教育辅导过程,增强班级团体辅导的开放性与实践性。如运用积极关注技术,鼓励在主题班会上发言的同学无保留地自由表达;运用指导性倾听技术,帮助高职生们充分认识世界和认识自己;运用真诚与信任技术,引导全体同学设身处地、换位思考,让学生明白别人的感受和处境。在心理健康主题班会的实施过程中,组织者要创造平等尊重、和谐的气氛,引导高职生自己去思考,自己去解决问题。心理健康主题班会应该让每一位同学都融入活动当中,而不是当旁观者。只有亲自参与,投入自己的精力和情感,才会其中,达到自我教育的目的。比如让能歌善舞的同学参与表演;让会电脑的同学设计主题班会的课件;让会画画的同学用画来表达他们的心声;让每个学生实话实说,真诚表达自我看法;让每个同学在主题班会中都有事可做,感觉倒是

"我"在搞活动,而不是"我"在看别人搞活动。这样的主题班会才能达到增强班级团体凝聚力,增强主题班会活动的参与意识,扩大参与广度的目的。

二、高职院校主题班会实施问题

(一)部分班主任对心理健康主题班会认识不足

调查发现,很多班主任对心理健康主题班会认识不足,认为开展主题班会就是在浪费时间与精力。如,一些班主任认为,只要有心理咨询室就可以开展心理健康主题班会;一些班主任认为,心理健康主题班会就是给学生上一堂有关心理的课,让学生了解一些心理常识;还有一些班主任只是把心理健康主题班会当成了一种教学形式,只是在上面贴一个心理健康的标签。这些班主任对主题班会的认识不足,没有认识到开展心理健康主题班会的重要性和必要性,导致主题班会的开展发挥不出其应有的作用。

(二)主题班会设计时忽略学生身心发展规律

调查发现,部分班主任在设计心理健康主题班会时,没有充分考虑学生年龄特点和身心发展规律,缺乏科学的理论指导。如,部分班主任在设计主题班会时,只是按照自己的想法来设计,没有考虑到学生的特点,这样的主题班会容易使学生感到枯燥乏味,在实践中难以达到预期效果。

三、高职班主任组织主题班会的具体策略

(一)设计多样的活动形式

班主任在开展主题班会活动时可以考虑把重心放在学生在心理成长中出现的问题上,帮助学生解决一些实际问题。在开展主题班会活动时,要注意形式多样、内容丰富、贴近现实生活、符合学生身心特点和认知规律等,只有这样才能真正提高高职学校心理健康教育工作质量。

首先,设计主题班会活动前,要注意把握学生的年龄特点,在设计活动时要有针对性,让学生通过活动进一步认识自我,积极调整情绪状态,发现自我价值。如在设计"我是谁"这个主题班会活动时,可以将其分为四个部分:一是认识自我;二是解决困惑;三是调整情绪;四是展示成就。其中,前三个部分通过教师引导让学生对自己进行自我认知,找到自我存在的价值,最终达到解决困惑、调整情绪、展示成就的目的。在展示成就部分,可以通过师生、生生互动的形式让学生展示自己取得的成绩,增强学生的自信心和自豪感。

其次,要根据学生的心理特点和实际情况,设计不同类型的主题班会活动。要通过学生讨论、案例分析、情景模拟等形式,使学生积极参与,帮助他们在活动中认识自我、调整情绪状态,以达到心理健康主题班会应有的价值。如开展"自信青年"主题班会,让学生认识到自己的优点和不足,进而发现自己的价值,认识到每个人都有自己的优点,每个人都是独一无二的个体,从而增强学生的

自信心,为学习生活中的挫折和失败做好充分准备。

(二)增强心理健康教育的实效性

心理健康教育主题班会活动的开展是为了增长学生心理健康知识,提高其心理健康水平,帮助学生树立积极的自我观念,使学生学会控制情绪、调节心理。因此,班主任要以活动为载体,在实践中培养学生积极的认知方式、行为方式和情感态度,引导他们形成良好的心理素质。

1. 在主题班会中融入思政教育

将思政教育融入主题班会中,在学生的心里播下理想信念的种子,培养学生爱国主义精神和集体主义精神,使其能够在未来的工作中不忘初心、牢记使命。例如,在"我爱祖国"主题班会中,教师可以通过讲故事、诗歌朗诵、歌曲表演等方式让学生了解中华人民共和国成立以来取得的巨大成就。在"我爱我师"主题班会中,教师可以通过讲身边的优秀学生事迹、朗诵优秀学生诗歌、分享优秀学生照片等方式让学生明白教师的辛勤付出和无私奉献,进而帮助学生树立正确的人生观和价值观。

2. 组织主题班会比赛提升心理健康水平

为了使主题班会活动更加具有趣味性和吸引力,可以组织开展一系列的主题班会比赛,例如在"做自己的心理医生"主题班会中,可以开展"心理健康知识大比拼"活动,让学生通过抢答、投票等方式评选出班级的"心理健康知识小能手"。这类比赛可以激发学生参与活动的积极性,促进学生互相学习、共同进步,并在活动中增强自信、展现自我,使学生能够正确地认识自己、接纳自己,提升自我调节能力和心理素质。

(三)深化主题班会教育成果

主题班会的目的是促进学生成长。主题班会结束后,班主任应注重对主题班会教育成果的巩固,可以通过多种方式对学生进行心理疏导,帮助学生及时摆脱不良情绪的困扰,树立积极心态,努力提升学生心理健康水平。首先,班主任可以对主题班会的教育成果进行总结和归纳,对学生进行心理疏导和心理调适;其次,班主任可以在主题班会后对学生进行个别谈心,了解学生在主题班会后的学习情况、生活情况以及心理健康状况等,并针对学生在主题班会后的表现和情绪变化进行交流和疏导;最后,班主任可以组织学生开展团体活动,通过团体活动来帮助学生缓解不良情绪及心理压力,提高学生的心理健康水平。如,班主任组织学生开展"我最喜欢的一本书"主题班会,通过学生之间的讨论、分享以及交流,让学生谈谈自己对一本书的看法和感受,帮助学生理解和感悟书中内容,进而使学生认识到书籍对自己的影响。总之,在主题班会的组织过程中,班主任要不断总结经验和反思,积极探索行之有效的心理健康教育方法,通过对学生进行心理健康教育,帮助学生解决学习、生活、交往等方面的心理问题,促进学生身心健康发展。

第四节　心理素质拓展的组织实施

一、校园心理素质拓展训练的主要特点

（一）小游戏大道理，游戏蕴含深刻道理

选编的一些游戏看上去都非常简单，其实这些游戏绝大多数都是经过几十年心理学、管理学、团体科学等方面的论证，能够使个人心理素质得到有效提升，其科学性不言自明。

（二）物理环境能使人身心放松

在方法上，拓展训练往往强调远离喧嚣，融入自然，偶尔还会利用野营、徒步等训练方法。这样做，不仅是为了让学员更好地参与到训练中来，也是为了让他们放松身心，开阔眼界，增加知识，促进彼此之间的友好关系。而提高个体和团队素质的根本目的，就是提高学员的整体素质。

1. 心理素质拓展训练不同于体育

尽管运动训练以户外运动为主，但是它与体育运动相比，在训练目的和训练方式上都存在一定的差异。体育是以身体锻炼、竞赛为主要目标，而拓展训练则是以提高学生的心理素质为主要目标。在训练方法上，拓展训练通常采用在限定时间内完成任务作为训练标准，大多采用合作的方式共同解决困难，但是，体育训练

则是以重复性的强化训练为主。

2. 心理素质拓展训练不同于娱乐

拓展运动具有较强的有趣性,但是,与娱乐还是有较大差异。娱乐最大的特点就是没有明确的目的,给人一种心理上的满足。但是,一些拓展训练的项目将克服心理障碍、完成心理挑战作为目标。

二、校园心理拓展训练的步骤

一般而言,校园心理拓展训练会根据参训者面临的心理问题设定各种训练项目,通过这些项目帮助参训者达到相互沟通、共同面对问题、寻找解决问题的方法、体验成功的喜悦、认同团队精神重要性的目的,从而使参训者联系生活中遇到的问题,产生迁移,达到提升心理健康水平以及适应社会生活和竞争的目的。其基本过程一般包括信赖确立关系、目标设定、挑战压力、高峰体验、幽默与愉快、解决问题 6 个步骤。

(1)信赖关系是校园心理拓展训练展开的基础。只有信赖才能使所有参训者投入地参加各种活动,并在危险的状况下信任同伴,真实感受到当时在场的人的存在,并通过身体的活动建立起同伴之间的信赖关系。

(2)目标设定是发挥团队作用的有效因素,它能使全体参训者共同分担团队的责任,潜移默化地进行从身体安全到心理安全的转化。

(3)挑战压力是有效释放心理压力的一种方法,它通过慎重地设定许多看起来危险、使参训者感觉到压力的活动,让参训者通过克服困难去真正地释放心理压力。

(4)高峰体验是在某种技能学习或进行某项活动的努力过程中所获得的最高的体验。

(5)幽默与愉快的团队氛围,可以使参训者在训练中产生愉快感,从而达到心理压力的释放或排解。

(6)解决问题则是校园心理拓展训练的最终目的,即通过以团队的形式与同伴一起解决问题的训练,使参训者学习到解决问题的技能,体验到成功的喜悦,增强自信心,提高适应社会生活的能力。

三、校园心理拓展训练的作用

校园心理拓展训练的本质是一种体验式培训,它使参训者在活动中通过参与来获得个人体验和感悟,进而获得成长。

通过校园心理拓展训练,可以让高职生在活动的过程中充分感受自己的心理变化,通过积极心理体验来促进高职生心智的完善。校园心理拓展训练的成功,不仅在于按规则完成了任务,更重要的是通过亲身体验,使得每个高职生都能够重新认识和发展自我。

积极的心理扩展训练有助于缓解高职学生在工作、生活中所承受的压力,使心理达到均衡的目的;有助于高职学生清楚地认识到自己的心理潜力,提高自信心;增强探索性、创造性的意识,培育积极进取的精神;它能使高职学生更好地与人交流、协作,提高他们的人际关系;它不仅有助于增强学生的个性,还有助于培养学生的勇气、毅力、责任感和积极的人生价值观念。

在心理拓展训练的同时,倘若与心理辅导充分地结合在一起,这对于提升高职生的心理素质和综合能力有着重要意义。

高职生一直被人们称为"天之骄子",但是,随着时间的不断推移,"天之骄子"的光环也渐渐褪去。特别是高职院校的学生,他们所面临的压力日益增大,心理负担十分沉重。这一现象的出现有其深刻的社会根源。不可否认,高职生在我国的高素质群体中依然处于较高水平;高职生的优秀品质在许多情况下是难以体现的。最根本的原因,就是在于学校教育与社会需要之间严重脱节。通过心理素质拓展训练,能够提高高职学生心理承受的能力、团队协作的能力以及人际交往的能力,从而让高职生可以在人生舞台上充分地展现自我。

这些年以来,随着社会的发展和高职教育教学改革的不断深入,对高职生的心理素质提出了更高、更严格的要求。各个职业院校的心理健康教育的教师,也都在参考并应用"工学结合"的课程发展思想,并以此为基础,不断地对教学模式进行改革与完善。其中,团队心理素质的拓展训练与指导,根据项目活动的制定,让参与者对自身经历的各种情绪与情感进行充分的体验,从而对自身(或团队)面临某一外部刺激时的心理反应与后果有更深层次的认识,进而学会控制并实现超越。在这里,可以通过真实的实践活动,在职业生涯中,发现很多职业生涯中所面临的问题,能够在这里找到答案,每一次身体和身体的体验,都能够使思维变得更加清晰,让精神变得更加强大。在实践中,该方法受到了许多学生的欢迎。

实践证明,高职生的心理素质拓展训练是一种积极地适应社会发展的需要,是一种顺应学生成长的需要,也是一种深化素质教育的重要手段,也是一种能够培养出"德技双馨"的高技能人才的保障。有利于以创造性人才为核心,在素质教育中形成整体合力;它有利于使职业院校学生从比较消极的态度转变为积极的态度;促进高等职业学校学生自主就业意识与能力的提升。

四、校园心理拓展训练应遵循的原则

(一)基于校情

心理拓展训练进入我国的时间不长,进入学校的时间较短。一所学校能否开展此活动,一定要基于校情,结合实际情况进行判断,切不可一哄而上,盲目效仿。开展时,要尽可能结合学校的体育传统、办学特色,这样才会有生命力和实效性。

(二)确保安全

心理拓展训练的内容很多,有的需要场地,有的需要简单器材,有的则需要专门器材,组织者要从实际出发,加以选择。不管选择哪种类型,首先一定要确保学生安全,因为尝试心理拓展训练,是为学生健康成长服务的。如果不顾学生的健康和安全,盲目开展,那就有悖初衷了。当然,我们也反对那种拿"安全"作为挡箭牌而不开展任何活动的因噎废食的做法。

五、校园心理拓展训练后的分享功能

（一）分享的教育功能

成员应学会在分享中学习,在分享中逐渐成长。"你有一个苹果,我有一个苹果,咱俩彼此交换,还是一个苹果,但是,你有一个想法,还有一个想法,咱俩交换却能得到两个想法。"小组成员在小组活动中,经常会接触到形形色色的人,可以从他人的角度,来了解他人的不同感觉和体验,也可以从他人的不同行为中去观察和学习。在各种拓展训练活动后进行分享的过程中,可以意识到每个人之间存在着的个体差异,可以接受并欣赏不同的个人风格,可以借鉴他人的智慧,融合百家的优点,在团体中利用他人的力量,来提高自己的能力,丰富自己的经验,可以达到事半功倍的效果。分享也有助于团队的发展和凝聚。相应地,不断发展的团队也会给个体带来正面的影响。

（二）分享的宣泄功能

将不开心的事一直憋在心里,只会给自己带来更大的压力。"找人倾诉烦恼、倾诉衷肠,不但能够使自己的心情变得开朗、愉悦,还能得到别人的安慰、开导,以及解决问题的办法。"一吐为快,向他人倾诉是一种良好的发泄方式。对着更多的人,会产生更好的发泄效果。

（三）分享的强化功能

在团体心理辅导过程中，分享是不可或缺的一部分，团队就像一面镜子，而分享技术就像一面放大镜，通过分享，能够将出现的问题或者亮点放大，进而引发团队成员的注意、讨论、模仿以及借鉴，能够发挥出个别辅导无法到达的作用。有时候，某个人的想法能够表达出所有人的共同感觉，在人群中引起共鸣，起到一石激起千层浪的作用；有时候，某个人的观点出现了分歧或者争议时，就会引起激烈的讨论，才能得出更加明智的结论，最后的结果往往出人意料。

有时自己不能清醒地认识自己，"不识庐山真面目，只缘身在此山中"。在拓展训练中，由于成员之间的人际互动，他人的存在就像自己的一面镜子，他人的意见可以使自己反省，帮助自己更好地了解自己。除此之外，成员之间在分享时互相交流感受与思想，自我暴露，加深对他人的了解和信任，能培养成员的同理心，会产生一种自己人的心理效应，促进团体成员之间良好人际关系的形成。

六、心理素质拓展训练课程定位与设计思路

心理素质拓展训练课程定位为选修课程，是一门系统提高高职学生心理素质的基础课程。其前导课程是"高职生心理健康教育"基础理论课，后续课程可开设与高职生素质教育、职业规划、心理学专业知识等有关的选修课程。

这门课程以心理学、教育学、大脑行为学及其他人文科学原理

为基础,对传统的心理健康教育模式进行改革和创新,借鉴"工学结合"课程开发理念,依照团体辅导的原理,围绕有关心理素质主题,组织学生亲身体验、感受和感悟,并且结合相关知识的学习,促进人的心理成长的一门"体验式、互动式"的心理健康类课程。

课程主旨是使学生将获取的知识或经验内化为个人的知识,提高适应社会生活和自我发展的主体能力,增强其幸福感。依据高职生群体的心理发展特点和规律、企业发展需要和职业岗位对从业人员心理素质基本要求建构教学内容;依据高职院校性质和学生特点采用行动导向的教学方式;依据人的心理成长规律和团体心理辅导理论设计教学过程。通过"一做、二想、三读、四练"的课堂教学模式,按照"团体合作、个体成长"的原则,促进学生心理素质层面的成熟与发展。一做是依照团体辅导,围绕主题,设计活动;二想是通过有关故事和事例,启发学生思考;三读是提供相应心理学背景知识,适合学生自学;四练是提供适合课后练习和反思的作业。其最终目的是以提高高职生的心理素质为重点,促进学生全面发展和健康成长。

参 考 文 献

[1]王茜,王若凡,吴凡.构建大学生心理健康教育模式的理论探讨[J].品位·经典,2022(10):134-137.

[2]董藿.浅析大学生心理健康教育整合模式[J].科学咨询(教育科研),2021(11):55-57.

[3]林蕻.高职生心理健康与社会支持、心理适应能力完善——评《高职生心理健康教育》[J].热带作物学报,2021,42(9):2823-2824.

[4]苗润.加强高职生心理健康教育的实践路径探索[J].决策探索(中),2021(8):77-78.

[5]陈小舟.职业学校心理健康教育模式"润心"品牌建设研究[J].文化创新比较研究,2021,5(19):186-189.

[6]郭凯娟.传统文化视阈下高校学生心理健康教育模式构建的思考[J].新疆广播电视大学学报,2021,25(1):58-62.

[7]杨青雅.五年制高职生心理健康教育探讨[J].产业与科技论坛,2021,20(3):147-148.

[8]黄瑞初."双融合"高职生心理健康教育模式探索[J].浙江工商职业技术学院学报,2020,19(4):88-91.

[9]吴晓庆.高职生心理健康教育现状与对策探索[J].产业与科

技论坛,2020,19(17):119-120.

[10]沙雨薇.创新高职生心理健康教育路径的实践与探索[J].才智,2020(20):60-61.

[11]洪一丹.提高高职生心理健康教育的思考[J].教育教学论坛,2020(23):370-371.

[12]崔灿.新时期高职大学生心理健康教育模式的建构[J].心理月刊,2020,15(12):70.

[13]张旭.新时期大学生心理健康教育中"家校合作"工作探索[J].教育现代化,2019,6(A0):273-274.

[14]赵平.创新高职生心理健康教育路径的实践与探索[J].教育与职业,2019(20):109-112.

[15]徐宾.新时代加强高职生心理健康教育的几点建议[J].河南教育(教师教育),2019(9):59-61.

[16]黄琳琳.高职生心理健康教育工作的服务模式探析[J].知识经济,2019(15):132+134.

[17]董薇.高职生心理健康教育工作的服务模式初探[J].国际公关,2019(5):127.

[18]陈国娜.高职生心理健康教育"沟通-互动"模式的探讨[J].才智,2018(26):192-193.

[19]郅利聪."互联网+"形势下高职生心理健康教育工作的有效途径[J].心理月刊,2018(8):7-8.

[20]杨婷.高职生心理健康教育工作的服务模式探析[J].法制博览,2018(5):238-239.

[21]王丽.积极心理学视域下高职生心理健康教育探析[J].现代

交际,2018(2):53+52.

[22]张婧.高职生心理健康教育存在的问题与对策分析[J].电大理工,2017(4):63-65.

[23]李冰.大学生心理健康教育整合模式研究[J].现代职业教育,2017(15):163.

[24]信忠义.学校心理健康教育专业化与全员化模式的纷争与整合[J].陕西教育(高教版),2015(8):51-52..

[25]赵娟,朱祖德,赵婧婷,等.心理健康教育家校合作联动培养模式的构建[J].吉林省教育学院学报(上旬),2014,30(10):12-13.

[26]张信勇.论心理健康教育的家校合作之路[J].教育教学论坛,2014(26):58-59.